JN276854

多様性の中の和合

—新しい時代の政治形態—

ベンジャミン・クレーム 著　　石川道子 訳

この書を敬愛する我が師に捧げる。
彼のビジョンと英知なしには、
これは書かれなかったであろう。

多様性の中の和合――新しい時代の政治形態　目次

ベンジャミン・クレーム

著者序文

われわれがアクエリアス（宝瓶宮）の体験の中により深く進んでいくにつれて、来たる時代には、和合のアイディア（概念）とそれの多様性との関連がより一層意義深いものになるだろう。そしてその関連は、人生体験の中心的目的である意識の進化についてのわれわれの深まりゆく理解と首尾一貫するということを発見するだろう。和合は、覚者方にとって、われわれの人生の内的リアリティ（実相）であり、宇宙全体のすべての原子が他のすべての原子との関係において和合していることを反映する。われわれすべてが、知ろうが知るまいが、和合を求める。その達成はわれわれの願望や創造に運命づけられているものである。さらなる向上を求める志向がわれわれを和合へと駆り立てる。われわれは、多様性もまたわれわれの存在のリアリティであり、一人ひとりの人間のユニークな個性を反映するということを理解するようになる。

本書において私は、和合への道の根底にある深淵な、そして広範囲に影響の及ぶ出来事の幾つかを示し、さらに、この世界周期の中で霊的ハイアラキーの覚者方によって理解され、始められた進化の大計画を前進させるために、あらゆる多様性を持つ特定の国々が果たしている様々な役割を示すことを試みる。本書は、ハイアラキーの覚者のお一人による十個の記事を織り交ぜながら、私自身による講話と関連する質疑応答で構成されている。トピックは政治的、国際的関係からグループ関係にまたがり、そのすべてが根底に多様性の中の和合という内的（秘教的）なテーマを含んでいる。それとともに、二十一世紀の最初の十年間に起こった関連する時事問題についての注釈も含められる。

人類の多様性は、大体において、個人や国家の光線構造の違いの結果である。「光線」とはエネルギーの流れであり、七種類あり、各人、各国は彼らのエネルギー的特質の一部としてそれらを表示する。異なった光線の特質が、個人と国家の両方において、魂とパーソナリティーのレベルで表現される。それらが個人および国家の特質を限定し、色彩を与える。わずかな、より古い国家は彼らの魂の特質のなにがしかを表示するが、しかしほとんどは、特に若い国家は主に彼らのパーソナリティーの光線を表示する。同じことが個人にも当てはまる。であるから、国家の特質と独自性（アイデンティティー）は、主にその国のより進化した様々な個人によってつくられる。

国家の独自性（アイデンティティー）の構築に当たって、大いなる三重の実験が企てられている——多様性の中から和合をつくり上げる異なった方法である。英国において、英連邦諸国のすべての国民の代表（見本）が、それぞれ別個の独自性を強く保持しながら、大体において、平和的に共存している。アメリカ合衆国は実際、海を越えて移住した多くのヨーロッパ諸国の代表（見本）の混合であり、その混ぜ合わせから、新しい何かが出現する——アメリカ人である。古いソビエト連邦の、現在では独立した諸国家は、ヨーロッパからウラジオストックにまでまたがる広大な〝連邦〟の一部として留まりながら、彼らの独立を保持する。

今日人類を分割している三つのイデオロギー——民主主義、共産主義、ファシズム——は、実際、それがいかに不適切であろうと、いかに歪曲したものであろうと、現時点において、われわれが知り得る神（神聖）の意図の三つの様相についてのわれわれの漠然とした認識を表現する試みである。このことは、異なった政治機構に対するより大きな寛容性の必要を示す。同様にして、機能しているグループはそれらのグループを構成する様々に異なる個人を統合するための方法を見いだして、合意と和合に向けて働く必要がある。和合は人類すべてにとって、前進への唯一の道である。

背景

本書に掲載された講話や質疑応答は、私の提供する情報や以前の出版物にすでに馴染みのあるグループを対象にして行われたものである。したがって、私は主マイトレーヤと智恵の大師方（覚者方）について、彼らは誰かとか、彼らの仕事と人類との関係などについて特に説明することもなく、自由に語っている。しかしながら、新しい読者のために何らかの説明が大切だと思われるので、覚者方の仕事と計画について以下に簡単に説明したい。

覚者方（智恵の大師方）とは、進化の旅路においてわれわれの先に行かれた完成された方々の一団であり、もはやこの惑星において転生体験を繰り返す必要のないレベルに到達された方々である。にもかかわらず、彼らはこの地球という惑星に留まり、後から来るわれわれの進化を見守ってくださる。彼らは進化の過程の管理人であり、案内者であり、助言者であり、人類種族の保護者であり、人類と下位王国（動植鉱物界）を通して、われわれの惑星ロゴスの進化の大計画を達成するために働いておられる。何千何万年もの間、彼らは（そして彼らの先達は）主にこの世界の辺鄙《へんぴ》な山脈や砂漠地帯に住んでおられた——ヒマラヤ山脈、アンデス山脈、ロッキー山脈、カスケード山脈、カルパチア山脈、アトラス、ウラル山脈、ゴビ砂漠やその他の砂漠地帯である。これらの山や砂漠の隠遁地《いんとん》にあって彼らは、舞台の背後から人類の進化を見守り刺激してこられたのである。五百年以上も前から彼らは、再び日常の世界に集団で戻るために準備をしておられた。そしてそれが現在進行中であることをお伝えしたい。一九七七年七月に、彼らのリーダーである主マイトレーヤ、すなわちキリスト原理（愛のエネルギー）を御自身に体現され、そして世界教師の役職を持たれているお方がヒマラヤ高所にある隠遁《いんとん》地から降りて来られ、英国のロンドンにお入りになったのである。そしてそこを現代世界における彼の『拠点地』とされた。マイトレーヤはロンドンのアジア系移民の住むコミュニティーで、〝普通の〟人間として住み、世界の前に公に出現するための適切な時期を待っておられる。彼は様々な宗教団体によってそれぞれ異なった名前で待望されている――キリスト、イマム・マーディ、メシヤ、クリシュナ、マイトレーヤ仏陀として。しかし彼は宗教のリーダーとしてではなく、言葉の広い意味における教育者としてやって来られる。マイトレーヤがこの世に臨在されることによって、人類は鼓舞され、政治、経済、社会生活において必要な変化をつくり出していくだろう。それがすべての人間のために平和と正義と自由を保証するだろう。マイトレーヤの主要な関心事は、先進開発国と開発途上国の生活水準の間にある不均衡である。それが人類の未来を脅かす、と彼は言われる。テロリズムはこれらの分割の主な徴候の一つである。マイトレーヤは、分かち合いの原理こそがわれわれの多種多様な問題の解決の鍵であり、人類をお互いに正しい関係に導く手段である、と見ておられる。マイトレーヤは、「あなたの兄弟の必要をあなたの行動の尺度となして、世界の問題を解決しなさい。それ以外の道はない」と言われた。

マイトレーヤは二〇一〇年一月から、アメリカ、メキシコ、ブラジルで、（御身分を隠して）テレビに出られた。さらに日本、ヨーロッパ、その他、世界中の多くの国でインタビューを受けることを続けられるだろう。一九五九年一月に、私はヒマラヤにおられる覚者の一人からコンタクトされ（連絡を受け）、その後間もなくマイトレーヤ御自身からコンタクトされた。そして私は、マイトレーヤと覚者方の出現のための道を整えて、世界に希望と期待の風潮をつくるという仕事を提供された。そして過去三十八年間、私はその任務に従事してきた。私の師である覚者は、私をこの仕事のために準備させる訓練の過程で、私との間に一瞬一瞬の双方向思念伝達の連結を確立された。それによって、彼は最小限の注目とエネルギーを費やすのみで、私と交信することができる。すなわち彼のほんの僅かな印象にも敏感に反応できる〝道具〟をつくり上げたのであり、それを通して彼は働くことができる（もちろん私の完全な協力を得て、私の自由意志を全く侵害することなしに行うのである）。本書に掲載された覚者による記事は、もともと『シェア・インターナショナル』誌のために、師が私に筆記させたものである。マイトレーヤと覚者方に関する詳細については、巻末に記載された私の著書、および『シェア・インターナショナル』誌やそのウェブサイトを参照していただきたい。

最後に、本書の出版を可能にするために働いてくださったロンドンとサンフランシスコのグループの人々に感謝の意を表したい。特に、再び、本書の内容の多様な資料をまとめて、読みやすい形に構成し編集してくださったカリフォルニア州バークレーの石川道子氏には、特別に感謝したい。

二〇一二年三月　　ロンドンにて　　ベンジャミン・クレーム

【編註】本書のベンジャミン・クレームの講話とそれに関する質疑応答はアメリカにおいて著者と関わりのあるグループに対して提供されたものである。したがって、質問の多くはアメリカの視点からであり、あの国の歴史の中で特に論争の大きい時期におけるものである。

本書にまとめられた記事や質疑応答は、もともと『シェア・インターナショナル』誌に掲載されたものである。二〇〇六年から二〇一一年の間に『シェア・インターナショナル』誌に掲載された質疑応答の中から関連性のあるものを選んだ。項目や見出しは同じでも、幾つかの例外を除いて、すべて以前に出版されたベンジャミン・クレームの著書には収録されていない答えを選んである。最初に雑誌に掲載された日付は各質問の終わりに記されているので、特に時事問題などに関しては、日付を考慮に入れて読んでいただきたい。

一　多様性の中の和合

マイトレーヤの優先事項

覚者による記事

世界はマイトレーヤを、そして救いを心待ちにしているのだが、この惑星と人類を安全に守るためになさなければならないことは、まだ多く残っている。にもかかわらず、マイトレーヤが公の奉仕を始めるのを待つ時間はわずかである。であるから、マイトレーヤの道を整え、人々に、援助と希望が間近にあることを、大教師はここにおられ、すべての国の国民に直接語りたがっておられることを知らせるために残された時間はまさに短い。

だから、あなたの努力の速度を速めなさい。運命の時刻が到来したことを、人類は間もなく大教師の臨在を喜び祝うということを、聞く耳を持つすべての人々に急いで伝えなさい。このことを告げて、彼らの希望と勇気を支えなさい。以前には聞く耳を持たなかった多くの人々が、今や耳を傾けるだろう。不安と恐怖が人々に被害をもたらした。微もまたその仕事を果たし、何百万もの人々を期待される出来事と啓示に目覚めさせた。人間の歴史の中で、これほど多くの人々が来るべき変化を感知し、その必要性を理解した時はかつてなかった。

かくして、マイトレーヤは、彼の臨在が熱望され、しきりに待ち望まれているという確固たる知識を持って、期待に満ちて準備のできている世界に出現されるだろう。

マイトレーヤは人類に優先事項の概略を示すだろう——それのみが、この地球とその住人すべてを安全に守ることができるのである。平和の必要性は最も重要である、平和なしにはすべてが失われる。平和は正義（公正）の創造を通してのみ保証されるということを、マイトレーヤは断言するだろう。正義の欠如は戦争とテロリズムを産む。正義は分かち合いを通してのみ達成されることを、彼は主張するだろう。したがって、分かち合いが世界の平和と安全にとっての鍵である。

マイトレーヤは人間の心（マインド）をより一層緊急性をこめて、地球という惑星そのものの病に向けさせるだろう。健全でたくましい惑星なしには次に続く世代の未来は危険にさらされる。われわれの住処《すみか》であるこの病める惑星に平衡を回復させるために、いま行動することの緊急性をマイトレーヤは強調し、この主要な仕事に老いも若きもすべての人間の助力を呼びかけるだろう。

豊かな世界の中で現在飢えている人々の悲運が、マイトレーヤの主な関心を引き付けるだろう。――「この辱《はずかし》めほどわたしを悲しませるものはない」と言われる。そして世界の貧困な人々に対して、これまで知られたことのない規模の膨大な援助のプログラムの創造を活気づけるだろう。

これらが、人間の未来をしっかりと安定させるための即座の優先事項である。人間の自由意志は神聖であり、侵されてはならない。これらの主要な必要事項の実施は、したがって、人間の意志にかかっている。

人間はいま選択に直面している――世界をひとつとして見て分かち合い、安全とありがたい「平和」と幸福を知るか、あるいは地球上の生命の終末を目撃するか。

人間の選択が賢明になされることを確実にするために、マイトレーヤはいま出現して来られる。恐れることはない。マイトレーヤはすでに人間の答えを知っておられる、そして喜んでいる。

（『シェア・インターナショナル』二〇〇六年十月号に掲載）

多様性の中の和合

覚者による記事

世紀を通じて、人間は、最も独裁的なものから最も平等主義的なものまで、多くの異なった統治形態を採用してきた。今日、ほとんどの国が民主主義的な統治形態、すなわち政党を一般投票によって選ぶというやり方を選んだ。使われている投票制度は、公正で正直で、不正行為や詐欺行為のないものだと思い込まれている。残念ながら、最近の歴史が示すように、正直な選挙のプロセスを非常に強調する国々においてさえも、しばしばこれはそうではない。ごまかしやいかさま行為は非常に多く、ずるい言い訳や策略によって、党派や個人が権力の座を占める。

より独裁主義的なものは一党制支配の国家であり、様々な決議が、軍隊と警察によって支えられた〝強力者〟の委員会によって定められる。国民は自分たちを支配する法律に対して発言権を持たず、そして彼らはしばしばそのような権利を主張する必要をいまだ感じていない。

またある国々は、権力とそれと共に得られる富を貪欲に求める残忍な独裁者に牛耳《ぎゅうじ》られている。ある国々は惑わされた狂信者によって支配されており、彼らと彼らの支持者は神の手の中にあり、神の計画を実行していると信じ込まされている。さらに他の国々は、国民を貧困と苦しみから救い出そうと苦闘し、同時に裕福な隣国からの要求をかわすために苦闘している。

さらにまた、独立を求めて闘い、あるいは混乱と市民戦争の中に巻き込まれている国々もある。

人間はこの証拠から得られるレッスンを真剣に心に留めるべきである――様々に異なった民族の必要を組織する方法はたくさんあるということを。したがって、この最も重要なことに対処するには、より大きな寛容さが必要である。諸国家を支配する光線エネルギーは異なり、それぞれの特質を表現するためには異なった機構が必要である。民主主義だろうが何だろうが、ただ一つの統治形態が普及すべきだということは進化の大計画ではない。人間の必要は、イデオロギーよりもずっとリアル（現実）であり、より重要である。相違に対する寛容さは統合させ、イデオロギーは分割させる。

したがって、マイトレーヤが公に話をされるとき、多様性の中の和合が将来の調和への鍵であることを示されるだろう。すべての国家がそれぞれにユニークで神聖なる運命を持つことを示されるだろう。マイトレーヤは、この幸いなる状態を達成するための道を示され、大計画についてより賢く理解するために、ハートを開くように鼓舞されるだろう。マイトレーヤの導きの下に、人間は彼ら自身のそして他の人々の達成の素晴らしさを賞賛し、高く評価するようになるだろう。競争し、支配しようとする強い衝動は徐々に鎮《しず》まり、同胞愛と平和のうちに人間にとっての新しい章が開かれるだろう。そのようになるだろう。

(『シェア・インターナショナル』二〇〇六年五月号に掲載)

「多様性の中の和合」についての注釈（講話）

【以下の記事は二〇〇六年八月にアメリカのサンフランシスコ郊外で開かれた伝導瞑想研修会においてベンジャミン・クレームが行った講演を編集したものである】

前記の「多様性の中の和合」についての覚者の記事について私の見解を述べ、検討に入る前に、「マイトレーヤの優先事項」〔註1〕というタイトルのもとに列記されている人類の永続的な必要について思い出していただきたい。なぜなら、もしこれらが正しければ、そして私は正しいと信じるのだが、これらの優先事項をわれわれの目の前に置き、絶えず注目を注ぐならば、それはより一層早く達成されるだろうからである。われわれの注目が引っ込められるものが何であろうと、それは明らかに達成されないだろう。そしてそれが今日起こりつつある。

数年ごとに、危機が起こる——地震、津波、アフリカやその他の地域を襲う恐ろしい飢饉。すると直ちに人類の心（ハート）はその危機に目覚めて、人々はそのときの緊急な必要に応えるためにできる限りの資金を集めるために最大限の努力をする。その危機に注目が集められている間中、その必要は満たされる。巨額のお金が寄付され、危機に見舞われた国の必要を解決するために向けられる。一カ月か二カ月も経つと、メディアは寄付を訴える報道をやめる。その援助が正しく配分されたかどうかにかかわらず、必要は満たされたかのように思われる。必要についての、突然のひどい緊急性についての想念は、われわれの思考から消え去り、そしてわれわれは自分たち自身のことに戻っていく。

これまでに何回、寄付集めのためのコンサートが行われてきたことか。「飢えたる何百万の人々を救おう」という旗印の下に、人々は幾度、慈善事業のためにお金を集めてきたことか。それは数年ごとに、毎回一回きりの出来事で終わる。世界の飢えたる何百万の人々は本当の経済的正義（公正さ）を必要とするのだが、それは決して起こらない。われわれは、次はそれが起こるようにしなければならない。

マイトレーヤは、毎日起こっている大惨事——すなわちこの豊かな世界で、三万五千もの人々が毎日飢え死にするというこの災害を終わらせる必要を、真っ正面から人類に突きつけられることは確かだろう。毎日毎日、毎週、毎月、毎年、飢えの大惨事は起こっている。今やわれわれは、何百万もの人々のこの悲劇的な状況に直面し、それを永久に終わらせねばならない。それを行うにはマイトレーヤが必要だと思う――マイトレーヤ御自身というよりも、マイトレーヤの臨在が、マイトレーヤの教えが、彼が「辱《はずかし》め」と呼ぶこの緊急性にわれわれの注目が集中させられることが必要だと思う。「この辱めほどわたしを悲しませるものはない」とマイトレーヤは言われる。「分離という罪悪はこの世界から追放されなければならない。それがわたしの目的であることを断言する」。それが、すなわち世界の何百万の飢えたる人々を救うことが、彼の最初の目的である。

この種のグループは、マイトレーヤの優先事項を、単にそれについて語るのではなく、いつも念頭に置いておき、全体としての人類の主要な必要をいつも認識しておくことが重要である。私の師である覚者が「人の子」と題した記事の中で与えてくださったマイトレーヤの優先事項についての彼の見解を、もう一度あなた方に思い出していただきたい。

『マイトレーヤの優先事項を検討しよう。平和の確立、分かち合いの制度の開始、罪意識と恐怖心の除去、人間のハートとマインド（識心）の浄化、いのちと愛の法則についての人類の教育、秘教への手引き、都市の美化、人々が旅行し、自由に交流するための障害物の除去、すべての者が入手できる知識のプールの創造』〔註2〕

最後の「すべての者が入手できる知識のプール」は、インターネットがすべての人々に自由に入手できるようになるとき、その役割を果たすだろうと思う。それがすべてに、例外なくすべての国に、すべての人間に自由に提供されるとき、人類が必要とするものは何も差し控えられなくなるとき、すべての人間がアレクサンドリアの図書館にある書物のすべてを所有しているかのようになるだろう。それを念頭に置きながら、再び覚者の記事「多様性の中の和合」の言葉を検討してみよう。

『世紀を通じて、人間は、最も独裁的なものから最も平等主義的なものまで、多くの異なった統治形態を採用してきた』

最も独裁的なものは過去においてであることを望みたいし、概してそうだと思う。チンギス・カンなどのような実に巨大な独裁者は幸いにして過去のものであるが、しかしいまだ多くの独裁者が存在し、つい最近にもあった。ヒトラーやムッソリーニなどが考えられる。この国、アメリカ合衆国が、チリのような南アメリカの国々に押し付けた様々な右翼的、軍事独裁政権が考えられる。チリには自由に選ばれたサルバドール・アジェンデ氏の民主政権があった。ただ、それはたまたま左翼政権であったために、アメリカ政府にとっては受け入れ難いことだった。そしてアメリカは彼を追い払ってしまった。CIA（中央情報機関）がクーデターをつくり上げ、アジェンデと彼の政府を転覆させ、ファシストタイプの独裁者であり、サッチャー夫人（元英国首相）の親しい友人であり、横暴な支配者として名の通ったピノチェト将軍を据《す》えたのである。彼は、彼の行為を吟味する裁判に出頭を命じられると、いつも心臓の問題だとか、歩けないとか、病のためという理由で、告発者に直面するために裁判所へ行かなかった。

『今日、ほとんどの国が民主主義的な統治形態、すなわち政党を一般投票によって選ぶというやり方を選んだ。使われている投票制度は公正で、正直で、不正行為や詐欺行為のないものだと思い込まれている』

もしそれが本当であればの話なのだが。アメリカにとって、そして世界にとって悲劇的な事件の一つは、今日のアメリカの行政府が、様々な不正行為の行われていた一八世紀や一九世紀の英国の歴史に遡《さかのぼ》ってみても、その中でも最も詐欺的で腐敗した不正行為によって、猛烈な勢いで権力の座に就いたことである。それは途方もないやり方であった。当時（一八～一九世紀）の英国では議会への立候補者は何ガロンものビールで票を買ったのである。

彼らは小さな町々を訪れて、すべての人々にビールを飲めるだけ飲ませ、その間にたっぷり御馳走を食べさせ、そして一枚一ギニー（十二シリング）にあたる金貨を一枚ずつ与えたのである。単に彼らがビジネスマンであったというだけで、金貨をふりまくことで、何十人もの候補者が議会に送られたのである。議員であるということは、彼らのビジネスに大いに役立ち、彼らに権力と影響力を与えたのである。不正行為がその本質であった。

今日、英国の選挙はもっとずっと公正である。一〇〇パーセントというわけではないけれど、ずっと公正である。通常、選挙期間中に、あるいはその後に、党全体ではなく、どこかの街の地方の党が自分たちの得た票よりも多くをくすねることができる陰謀を考えたということが明るみに出る。それは起こる。議会制度の産みの母である英国でも、選挙でちょっとした不正行為はまだ起こるが、しかしジョージ・W・ブッシュ大統領の第二期の選挙（二〇〇四年）で行われたような種類の腐敗行為は近年、いずれの国においても見たことがない。ブッシュ氏を大統領の座に就かせたその前の選挙（二〇〇〇年）での不正行為をわれわれはみな認識している。民主党のアル・ゴア氏が最初の選挙で勝ったにもかかわらず、それは否定された。二回目（二〇〇四年）の選挙では、ケリー氏が決定的に勝利したにもかかわらず、それは否定された。

使われたごまかしの一つは（たくさんの策略の一つにすぎないが）、投票にコンピューター機器が使われたことである。それらの投票器の主な供給者は共和党の活動的なメンバーであり、ブッシュ氏の活動家の一人から購入したと聞いている。彼の会社はその機器を調整して、ケリーに投じられた票のうち、五票ごとにブッシュへの票になるように仕組んでいた。マサチューセッツ州でそのような投票器の使われた地域で投票したある女性を私は知っている。彼女はケリーに投票した。その機器には自分の票が実際に記録されたかどうかをチェックする機能があったので、彼女が確認してみたら、ブッシュになっていた。そこでもう一度やり直したら、またブッシュになって出てきた。ケリーに票が記録されるまで、十八回もブッシュになっていたという。

この前のアメリカの選挙の不正行為の規模は想像を超えるものであった。それは世界にとって全く悲劇的な出来事であった。もしゴア氏が最初の選挙で当選していたならば（本当は彼が当選したのだが）、もちろん証明することはできないが、9・11の事件（ニューヨークのツインタワーに飛行機が突っ込んだテロ行為）は起こらなかっただろうと、私は確信している。もちろん、それはそれ以前に計画されていたと思う。計画は続行されただろうが、ゴア氏の行動は現政府とは非常に異なっていただろうから、9・11を実施するだけの同じような緊急性と意志はなかっただろうと思う。

もし9・11が起こらなかったならば、この世界は全く異なったものになっていただろう。9・11はアメリカの現政権に、9・11の攻撃を促進させたと考えられる男を探すために、アフガニスタンに侵略する機会を与えた。彼らはアルカイダとオサマ・ビン・ラディンを探していた。タリバン政権は非常に硬直した、厳しいイスラム原理主義政権であり、耐え難いものではあったが、しかし全般的に彼らはテロリストではなかった。アフガニスタンでの戦いに敗れた後、今、彼らは再編成し、テロのやり方をすっかり学んで、復活した。今や彼らはテロリストであり、意図的な損傷を与えようと欲する者なら誰にでも大きく開放されているイラクに入り込む。

アフガニスタンで、全く不必要にテロリストの国家がつくられた。イラクへの攻撃は世界にとって非常な悲劇的出来事である。イラクは今や内戦の瀬戸際にある。事実、現時点において、小規模の内戦がすでに起こっている。現在は幸いにして、国全体に広がっていないが、内戦であることには違いない。内戦ほど恐ろしい戦争はないと思う。

スペインの内戦の間、通りの片側はフランコ支持で、通りのもう一方の側は共和政府を支持して、互いに戦い、殺し合ったのである。最近では、当時のセルビアの大統領であったスロバダン・ミロシェヴィッチの後押しで起こったバルカン半島におけるコソボとボスニアでの出来事がある。

裂開《れっかい》の剣《つるぎ》

世界はもはや後戻りができないばかりか、完全な危機、善と邪悪の間の闘い、和合をつくる側とその反対をつくり出す側との間の完全な対決の時点に来てしまった。これは「裂開《れっかい》の剣《つるぎ》」のエネルギーの結果である。キリスト教の聖書にイエスが言われた言葉として書かれている、「父親は息子と分かれて対立し、息子は兄弟と対立する」云々と。すべて非常に破壊的である。その「裂開の剣」は、皮肉に思えるかもしれないが、愛のエネルギーである。それがこれまでに起こったのであり、現在起こっていることである。それはマイトレーヤによって精妙に焦点が合わせられていくだろう。

現在、愛のエネルギーがすべての界を通して流れ出ているのである。世界中に浸透しており、それの人類への影響は、人々の本心をはっきりと表させるのである。善意の人間ならば、それが刺激され、強化されるだろう。もし破壊的で、悪意のある人間ならば、より一層そうなるだろう。善も悪も同様に、すべてが刺激されている。

このようにして、人類は何をなさねばならないかを非常に明確に知るだろう。もしそれが起こらなかったならば、われわれは今のままでがんばり続けることができると思うかもしれない。難しいけれどがんばり続ければ、やがて、おそらく物事は静まり、何事もなかったかのように、すべてがまた良くなると思うかもしれない。「裂開《れっかい》の剣《つるぎ》」は違いをはっきりとさせ、人類の前にある選択を明確にする。剣の与えるより明確なビジョンをもって、ますます多くの人々が、もはや平和以外の選択肢がないことを知る。もしわれわれが平和をつくらなければ、この惑星上のすべて生命の完全な破壊となるだろう。

であるから、人類にとって、平和はもはや単なる選択肢ではない。それは欠くことのできないものである。この理解はマイトレーヤの愛のエネルギーの行動の結果である。人類の前進への道を明確に描写する「裂開の剣」である。その道は同胞、愛、正義、分かち合い、平和を通してであり、自由、正しい関係、そしてそれから生じるすべてを通してである。その道か、あるいは現在のやり方を続けてすべての生命を破壊するか、どちらかである。

マイトレーヤの「裂開の剣」がこの黒か白の対決を人類の前にもたらし、人類がそれを明確に鮮明に見ることができるようにするのである。われわれはどちら側を選ぶか、である。正しい人間関係の道、建設と調和の道を選ぶか、あるいは、もう一方の間違った人間関係と、すべての人々の完全な破壊につながる道を選ぶのかである。

重要なことは、この国において、次の選挙までに、完全に異なった投票制度を主張しなければならない。過去二回の選挙のような投票制度を受け入れるべきではない。過去二回の選挙は、いかなる、〝いかがわしい〟国家のものよりももっとずっと不正なものであったと私は確信している。それはあなた方にとっても世界にとっても、悪逆非道なことであり、二度と再び、政府にそのような行動を許すべきではない。

投票者のサインの証拠を残す投票制度でなければならない。一票一票についてそれがなければならない。いかなる機器にも手書きの票を不当に奪うことをさせてはならない。前回の選挙で大々的に使われたごまかしが絶対にあってはならない。大多数の若い人々は変化を欲し、ケリー氏に投票するだろうということをすべての人が知っていた。したがって、多くの投票所で、若者たちは特別な部屋に集められて、投票を待つ人々の行列に加わることを許されなかった。彼らは何時間もそこで待たされた。十八、十九、二十歳の若者を投票するために何時間も待たせるならば、彼らは留まらない。大勢の若者は帰ってしまった。

そのようなやり方が全国の多くの投票所で行われた。非常に簡単である。若者を追いやればよいのである。彼らの票は、おそらく何千票も投じられなかった。もし勝敗の票の差がわずかな場合には、その数は決定的であったろう。それは非常に簡単で、効果的で卑劣な策略である。

『残念ながら、最近の歴史が示すように、正直な選挙のプロセスを非常に強調する国々においてさえも、しばしばこれはそうではない』

アメリカ合衆国ほど、他の国々の選挙の正直さについて警戒している国はない。選挙は公正であるのみならず、いわゆる〝民主的〟でなければならない。〝民主的〟でなければ、それは公正ではなく、自動的に違法だと見なされる。

パレスチナのハマスは、完全に公正で合法的な代表性投票制度で選ばれた政府である。自由に選ばれてパレスチナの政府になったのである。しかしアメリカ政府は、ハマスを認知することも、相手にすることも拒否した。アメリカのお先棒をかつぐイスラエルは、ハマスは民主的でないと言って彼らの代表を相手にすることを拒否する。国の大多数の国民が彼らに投票したのである、それ以上に民主的なことがあろうか。ほとんど九十パーセントの票を得た大勝利であった。国事におけるそのような二枚舌の行為に対して何ができようか。

民主的形態の多様性

民主主義には多くの形態がある。アメリカは、唯一の合法的な選挙は二つの政党間の選挙であると考える。それはヨーロッパや日本やその他の国々の場合はそうである。しかし民主主義には多くの異なったアイディア（理念）や民主主義の度合い、タイプがある。

中国は民主国家であると主張する。英国やアメリカやフランス、ドイツ、スカンジナビア諸国の民主主義とは非常に異なるが、しかし彼らは民主的であると信じる。もし平均的な教育を受けた中国人に、特に東部海岸地域に住む人々に、彼らの政府が民主的かどうかを尋ねるならば、おそらく彼らはこう言うだろう、「そうです。民主的な一形態です。私はやりたいことを自由にやることができます。この仕事をすることもできるし、または他の仕事をすることもできる。特定の仕事をするように強制されることはありません。私がうまくやれる仕事、訓練を受けている仕事は、制約なしに何でもできます。私たちは民主主義国家です」。

それはわれわれが民主主義と呼ぶようなものではないが、しかし民主主義の一形態であり、混合した民主主義である。中国人は非常に興味深い統治形態を世界に提供している。それは実験であり、うまくいかないかもしれないが、それが実験の性質というものである。中国のような国家規模でのこれらの実験は、展開するのに時間がかかる。中国には、軍と警察を背後においた強力な人間の一団があり、彼らは、彼らが法として見なす法の支配を実施することができる。中国は第一光線の国である。国の魂は第一光線であり、パーソナリティーは第三光線である。〔註3〕彼らはあまり感傷的ではない。それは彼らの欠点の一つではない。

この国（アメリカ）は、現政府のようなねじ曲がった専制的なものであっても、第二光線の魂を持ち、第六光線のパーソナリティーである。そして、かなり感傷的である。しかしながら私は、より粗野な中国の民主主義の形態よりも、むしろアメリカの方を取りたい。なぜなら、やがてアメリカの第二光線の魂がそれ自体を顕現《けんげん》させると思うからである。それが早ければ早いほど、世界にとってより良いのである。

世界は本当にアメリカの魂の特質が顕現するのを待っている。そうなるとき、アメリカは世界全体としての必要を真剣に考えるだろう。マイトレーヤの教えの影響の下に、初めて、その見解を広げるだろう。マイトレーヤがアメリカの魂の様相を喚起し、アメリカが豊かに保持する資源を分かち合うように鼓舞するだろう。その結果は、世界規模での新しいマーシャルプランである。それはこの国の国民としてのあなたたちの前に掲げ得る最も望ましいことの一つである。アメリカは偉大な国家である。ひどいこともやってきたが、それは他の諸国も同様である。アメリカは若い国家であり、したがって時には手に負えなくなることも予期される。しかし非常に強力で、非常に大きく、非常に金持ちなので、世界に途方もない影響を持つのである。

その影響は、その国民の知性と創意の自然な流出である。またそれはホワイトハウス、そして（アメリカの本当の権力の座である）ペンタゴン（国防総省）によって計画された影響でもある。ワシントンにあるペンタゴンとホワイトハウスがアメリカの運命をコントロールし、ある程度世界の運命をコントロールする。しかし、そうあるべきではない。

今日のアメリカ政府の権力欲と、彼らが世界中に〝民主的〟制度を確立したいという衝動をコントロールするのは、マイトレーヤの任務である。それは事実上アメリカ帝国となるだろう。アメリカ帝国の確立をかなり意識的に考えて、それに向かって働きかけている人々がアメリカに大勢いる。彼らは今世紀（二十一世紀）を、この帝国が出来上がるアメリカの世紀と呼ぶ。それが彼らの意図であり計画である。しかし、そうはならないだろう。

一国あるいは一種類の政治形態が世界中を支配するということは、この惑星のロゴスの計画ではない。

十七世紀から二十世紀にかけて、英国は世界中で力を築き上げ、大英帝国をつくったが、もはやそれは存在しない。帝国をつくったのだが、二十世紀にそれを放棄して、より永続的で意義深いイギリス連邦をつくった。

三つの実験

英国の旗の下で、あるいは英国の旗に連合したイギリス連邦は、この惑星のロゴスの大計画のために、したがってその大計画を実行した霊的ハイアラキーの長い間の計画であったのであり、様々な国民が集合した本当の行為の一つである。

この諸国家のソサイエティ（仲間）すなわちイギリス連邦（Commonwealth of Nations）は実際には全く共通の富（commonwealth）ではないが、それまでに見られなかった貿易の自由を設けたのである。それは他の国々との間では同じではないが、連邦の中では通用した。国によっては、例えばオーストラリアのように、女王に敬礼し、英国の国旗に敬礼をすることは容易ではなかった。彼らの多くは自分たちを完全に異なる、別の国家と見なす。にもかかわらず、何百万ものオーストラリア人が英国に血縁のつながりを持つ。それは連邦のすべての国々――ニュージーランド、カナダ、西インド諸島、アフリカの一部、インド、パキスタン等々についてもそうである。

先の世界大戦前の地図を見るならば、ほとんどがピンク色であった。つまりそれはイギリス連邦の部分であり、すなわち大英帝国を意味したのである。帝国はもはや存在せず、その一部、主にアフリカでは、個々の国家としての足場を見つけようとしてもがいている。

英国との目に見えないつながりを保持し続けてきたイギリス連邦は、実際、異なった皮膚の色や異なった伝統、異なった宗教、異なった思考方法や感じ方、関わり方を持つ人々が共に平和に共存するという民族の集合についての見解を提供している。英国において、今日、これらが、しばしば大きな集団で、集まってきているのである。

マンチェスターやその他の都市に行くと、パキスタンや西インドの名前や伝統や食べ物、宗教を持つ大きな集団が住んでいるが、彼らは英語のアクセントで話し、自分たちを英国人と自認している。見かけは異なるが、言葉は同じであり、みな英国人なのである。

非常に独特な方法で彼らは比較的平和に共存している。極右翼政党であるイギリス国民党が卑劣な行為をし、例えばパキスタン系の人々に対立し、パキスタン人がそれに抵抗するというようなときに、パッと燃え上がることはある。しかしそれは稀であり、数年ごとに起きるにすぎない。大まかに言うと、これらの全く別々の社会の間に驚くほどの善意と良い関係の絆が存在する。彼らは、一般的に互いに混じり合わない。もちろん混じり合う人々もいるが、全体として、英連邦のどの国から来ていようと、それぞれの国民は、彼ら自身のアイデンティティー、彼ら自身の言語、食べ物、彼ら自身の学校、教会や寺院を保持する。彼らははっきりと識別できるが、お互いに友好的であり、摩擦は最小限である。イギリス連邦は、小規模の（といっても、何百万の人間であるが）一つの実験である。世界では三つの実験が行われており、その一つが英国である。

ここアメリカにおいては、ヨーロッパをアメリカにもって来る、つまりヨーロッパの一部を海外に置くのである。アメリカは大体そのようにして存在するようになったのである、ヨーロッパのほとんどの国の人間のサンプルである――フランス人はその光線ゆえにあまり多くいないが、イギリス、アイルランド、スコットランド、オランダ、ドイツ、スペイン、スカンジナビア特にスウェーデン、イタリア、ギリシャ等々の国々から来た人々である。彼らをつまみ出して、アメリカに置いて、こう告げたようなものである、「さあ、出かけて行って、この国を植民地化しなさい。ロッキー山脈を越えて、エルドラドを、カリフォルニアを見つけなさい」と。

〝民主主義〟と奴隷

ところが大きな間違いが行われたのである。人々は民主主義について素晴らしいことのように語り、それはギリシャの時代にまで遡《さかのぼ》ると言う。

ギリシャ人が最初の民主主義者であったのは本当である。紀元前五〇〇年からある種の民主主義を持っていた。民主的な評議会は、同じ社会的地位の同じような考え方をする男たちの会議であり、すべてがアテネの地主であり、金持ちであり、強力な男たちであった。

しかしアテネは、ギリシャの他の都市と同様に、そしてすべてのローマの都市のように、完全に奴隷の労働によって運営されていた。奴隷制度はアテネ以前のずっと昔から存在していたが、アテネは奴隷の労働の上で力を得たのである。多くの素晴らしい発見、特に科学や幾何学、建築等々における発見がもたらされたギリシャ文明も同様である。途方もなく賢明で才能ある人々からわれわれは非常に多くを学んできたのだが、彼らはそれらのすべてを奴隷の労働（犠牲）の上で行ったのである。戦争をし、征服し、捕虜を収容した。捕虜は奴隷としてギリシャに連れ帰られた。自分の国では王や女王、あるいは金持ちの強力な貴族であったかもしれないが、アテネに、そして後にはローマに連れ帰られるや否や、彼らは奴隷にされたのである。

この国アメリカが権力と富を思いのままにしたとき、同じことが起こった。今回はアフリカから奴隷を連れてきたのである。アラブ人はそれ以前から何世代にもわたって奴隷商人であった。彼らは奴隷の労働の上に彼らの経済を運営してきたのであり、今でもまだそれを行っている者がおり、奴隷となる可能性のある者たち自身は、他の人々を奴隷商人に売りつけた。彼らはこの恐ろしい人間の取り引きに参加したのである。そしてより金持ちになり、最低の階級から抜け出すことができた。いつも、社会制度の中で最も貧困で最も低い地位の人間が奴隷となった。アメリカの南部は、ご承知のように、奴隷によって築かれたのであり、この国の富の大きな部分が奴隷制度から築き上げられたのである。

イギリスの貴族や準貴族によっていまだに享受されている富の大きな部分は、奴隷の売買から得られたのである。彼らはアフリカの海岸、黄金海岸や象牙海岸やその他の地域に行った船を所有していた。そこで彼らは奴隷を買い、海を越えて取り引きしたのである。恐ろしい貿易であり、それは今日まで続いている——アフリカやインド、中国、その他の国々で奴隷が売買されている。

民主主義のタイプ、あるいは民主主義の国々には多くの異なったタイプがある。奴隷制度に基づいた民主主義は言葉の意味の矛盾であるが、しかし、もし人類を二種類のグループに分けることができるならば、そうではない。権力を持つ者は彼らのレベルで民主的な法の見せかけのようなものをつくることができる。しかし同時に、それは深く定着した奴隷経済の上に築かれる。それは悲劇的である。人類は数え切れない長い間、このように行動してきたのである。

安全保障理事会

至るところで民主主義を呼びかけるアメリカ人の声の強さにもかかわらず（そして私個人的には民主主義を非常に好むが）、アメリカ合衆国ほどアメリカの外に民主主義を要求して声高に叫ぶ国はない。のみならず、私の師（覚者）が指摘されたように、この国（アメリカ）は、不思議なことに、アメリカ国内の民主主義の欠如に対して盲目である。

安全保障理事会の行動は民主主義の正反対である。安全保障理事会は（創設当時）原子爆弾を所有していた五カ国――イギリス、アメリカ、フランス、中国、ロシア――によってつくられたのであり、これらの五カ国が国際連合の行動を支配し、彼らに拒否権を与える安全保障理事会をつくったのである。

拒否権を持つ国があるということほど、民主主義に反することはない。拒否権を持つ国は国連総会全体によって決められた決議案の実施を阻止するために、それを行使することができる。アメリカは他のいかなる国よりも多くの拒否権を行使し、イスラエルに対する決議案の場合、六十三回も拒否権を使った。イスラエルはアメリカの拒否権が彼らを非難から守ることを知っているゆえに、ただ国連をばかにする。

アメリカとイギリスによって使われたイラク攻撃の理由の一つは、サダム・フセインが十九の（十七と言う人もいるが）国連決議案の実施を怠ったというものであった。決議案は大量破壊兵器についてであり、イラクがそれらの兵器を破壊していないと主張するものであった。実際にはそれはすべて実施されていたということを、われわれは後になって知ったのである。彼らはそれらの兵器を、戦争が始まる前にすでに破棄していた（それについてわれわれは、『シェア・インターナショナル』誌ですでに発表していた）。しかしながらイスラエルは罰を逃れる。拒否権制度とアメリカの保護のゆえに、イスラエルに対して今も存在するこれら六十三の決議案を彼らは実施しようとする必要はないのである。

拒否権と安全保障理事会には、もはやその有益性も存在理由もない。廃棄されるべきである。国連は拒否権制度を破棄しなければならない。そして本当に民主的な総会でなければならない。安全保障理事会が解消され、拒否権が取り去られるまで、国連総会は民主主義的な総会にはなれない。そして、覚者が「世界の希望の声」と言われる国際連合総会自体の声が純粋に簡潔に聞かれ、世界をできるだけ速やかに正しく戻すために使われることが、まさに非常に緊急なことである。

すべてにおいて、人々がそれを欲しようが欲しまいが、何がなんでも民主主義をという今日の西洋の執着にもかかわらず、もしそれがアメリカ式の民主主義のタイプに属さなければ本当の民主主義ではなく、したがって何らかの権威主義的政府の形態と判断されてしまう。

民主主義者は彼らの民主主義のいかなる減衰をも憤《いきどお》るが、しかしやがて、民主主義者がある程度のハイアラキーの監督と決定に憤慨しなくなるときがやってくる。人々が覚者方の智恵と高位の知識を信頼するようになると、覚者方の監督は学習の過程として歓迎されるだろう。新しい、そして類まれな謙虚さが育まれるとき、そのようになるだろう。

人類が覚者方を見るとき、覚者方が言われることを聞くとき、覚者方がいかに寛容であるかを知るとき、自分たちがいかに寛容でないかを認識しはじめるだろう。覚者方は決して彼らの意志を人類に押し付けないことを知るだろう。覚者方がいかに辛抱強く、そして彼らがいかに、すべてにおいて法の範囲内で働くかを知るとき、人々は覚者方の高位の知識、智恵を得たいと欲するだろう。

惑星の温暖化

今日、自分たちの持つちっぽけな権力と知識を非常に気にして、あたかも世界を支配することができるかのように思う人々がいる。自分たちはすべてを知っていると考える人々がいる——例えば、科学者たち。

この惑星は熱してきており、惑星の温暖化は現実であり、われわれは何とかそれに対処しなければならないと言う科学者たちがいる。人間は大気中にあらゆる汚染物を放出しており、それがこの惑星を熱している。同時に、それと全く反対のことを唱える科学者たちがいる。そのような科学者たちは概して、この国アメリカにいる。

この国には、買収されたか、あるいは惑星が熱しているという主張は実際本当ではないと心底から信じる科学者たちがいる。彼らは過剰のガス放射を単に製造業者に抑えさせることで解決されるものではないと信じる。それではだめだろうし、そうすることは不必要だとさえ彼らは言う。その他のやり方がある。イラクの石油やベネズエラの石油、その他にまだ実際に採掘されていない石油を手に入れるとき、欲しい石油をすべて持てるようになる、と彼らは言う。それらを貯め込むのだ。穴を開けて中をえぐり取った山の洞穴にそれを貯蔵する、そうすれば天の御国が到来するまでそれで足りるだろう、と考える。彼らは主に原理主義クリスチャンなので、天の御国がやって来るのはほとんどの人々が考えるよりもずっと間近であることを知っているのである。

覚者が「わたしだったら、それをこのようにするが」と言うなら、人々が大喜びする時がやって来る。人々はそれを歓迎するだろう。人々は突然、学校の生徒のようになるだろう。覚者方は非常に多くをご存じである。彼らの智恵を本に書くというようなことはしない。すべてお持ちである。必要ならいかなる情報でも入手できる。

人々は監督——どの政策を取るか、いかにして大計画の線に沿って進むか——、助言という意味でのある程度のコントロールを受けることを非常に喜ぶだろう。われわれは大計画を知らない。しかし大計画は存在し、覚者方は大計画を実行される。われわれは大計画があることを知らないので、正しいこと以外のあらゆることを行う。なぜなら、すべてが開放されているのだから。われわれは偶然に正しいことをし、選択によってその他のすべてを行う。

非常に硬直した人々でさえ、完全に受け入れるようになるくらいまでの監督があるだろう。この（キリストの再臨についての）〝ストーリー〟について、人々がよく言うのは、「『マスター（訳注＝支配権を持つ者とか師匠、大家という意味がある）』という言葉が気に入らない」。私が、「覚者方は彼ら自身に対するマスターです。彼らはわれわれの惑星のすべての界について完全な認識と完全なコントロールを持つという意味においてマスターなのです。それが彼らをマスター（覚者）にするのです」と言うと、彼らは、「それでもまだいやだ」と言う。つまり彼らが意味するのは、覚者方がわれわれの「上位」にあるのが気に入らないのである。覚者方は、マスターであるゆえに、必然的にわれわれに何々をせよと言うだろうと思うのである。覚者方は、尋ねられたときに、人々ができることのみを言われるということを彼らは知らない。正しいことは何ですかと、覚者に聞くなら、覚者は「さて、賢明なことはこうこうすることだ」と言うかもしれない。もしあなたが賢明ならば、そうするだろう、なぜならそれは正しいことだから。そうでなければ言わないだろう。彼らは私たちに対して純粋にアドバイザー的な関係にあるのである。

霊的集団

この国やその他の国々に霊的（スピリチュアル）なグループがたくさんある。たとえそれらがグラマーでいっぱいであろうとも、あなたのアイディアとは全く違っているとしても、いかに不活動で、いかに内向的で、いかに世界全体に関心を持たなかろうと、とにかく何千何万もの霊的集団（スピリチュアルグループ）が存在する。彼らは、現在、ほとんど完全に分離して、ちりぢりになっている。彼らは至るところにいるが、断片化している。互いに関係を結んでいるものはほとんどいない。

私が一九八〇年一月に「多様性の中の和合評議会」で話をするために、初めてこの国（アメリカ）に来たとき、「ハレルヤ！　これは素晴らしいグループだ。あらゆる種類のグループを集合させる。『多様性の中の和合評議会』と呼ばれる傘の下で、彼らは一緒に活動している。最大の多様性と最大の和合、素晴らしい概念である。この地球上における真の生活の概念だ」と思ったのである。その精神をわれわれは必要とする――最大の種類と多様性、すべての異なった国々が異なった光線構造ゆえに、それぞれの特質を全体に寄与することである。光線構造が特質を与える。したがってすべての国が、その国の魂の光線とパーソナリティーの光線の組み合わせゆえに、彼らが持つ特異でユニークなものをすべて、そしてそれが世界につくり出す特質を共通のプールに寄与することができるのである。すべてが必要とされ、すべてが世界において果たすべき定められた役割を持つのである。アクエリアス（宝瓶宮）の時代が進むにつれて、そして覚者方が長い間世界に出て行くにつれて、ますます多くの国が彼らの光線の特質を、彼らの個々の才能を顕示《けんじ》し、そしてそれを全体の利益のために提供するだろう。そうあるべきである。今日はそうではない。しかし、そのようになるだろう。

われわれのようなグループは他のグループと共に働き、そのようなグループを支えて、世界の世論をつくる必要がある。世界の世論が世界の人々を通して表現されるにつれて、それが世界を変えるだろう。

マイトレーヤの任務は、世界世論を活気づけて、それを数個の単純なアイディアに集中させ、人々が至るところで、正義を、自由を、呼びかけるようにすることである。正義を達成し、戦争を終わらせ、平和を創造する唯一の方法として分かち合いを呼びかけるようにすることである。平和とテロリズムの終結は正義の創造にかかっており、それを達成する方法は一つ、世界資源の分かち合いである。

これらは人類が把握しなければならない単純なことである。何百万ものグループがある。

あるグループは動物のためにもっと正義を、屠殺場の廃止を、すべての人々のために菜食主義を、等々と呼びかけている。「動物王国の殺生を終わらせよ」「鯨を救え」「アザラシを救おう」等々。これらは素晴らしい理想である。私はいずれにも賛成である、しかし何百万もの人間がこれらの異なったアイディアをすべて一緒に促進しようとしても、そのインパクトを弱めるだけである。単純でなければならない。資源の分かち合いを通して人類の正義を達成し、そうして平和をつくる。

それが世界中のすべてのグループが集中しなければならないアイディアである。平和はもはや選択肢ではない。それを理解しなければならない。なぜなら、平和がなければ、やがてわれわれは自分たち自身を滅ぼしてしまうからである。小さな戦争が大きな戦争になるだろう。それは核戦争となり、すべての国が消え去ってしまうだろう。

私はあなた方がデモ行進のときに掲げる旗印の見出しを述べているのではない。私はあなた方の心（マインド）を本質的なことに集中させようとしているのである。本質的なことは、分かち合いであり、それが正義につながり、必然的にテロリズムの終止につながり、そして世界平和につながる。それのみである。マイトレーヤが言われるように、「それ以外の道はない」。もし分かち合わなければ、われわれは遅かれ早かれ死ぬ。それほど単純なのである。
それは分かち合いと世界の変革の問題である。それが信頼を築き、将来のすべての取り決めはその信頼に基盤を置く。信頼があれば、どんなことも解決することができる。信頼をつくらなければならず、世界資源の分かち合いのみがそれを可能にする。信頼があれば、他のあらゆる問題――中東問題、惑星自体の救済、等々――に対処することができる。意見の食い違いはほとんどなくなり、資源の分かち合いが実施されるとき、途方もない力で流れ出る善意の中に消散するだろう。

このグループやこの種の他のすべてのグループにとって重要で有益なことは、意識的に統合を目指して働き、他のグループと一緒に多様性の中の和合をつくるように働くことである。インターネットを探しなさい。あらゆるグループのウェブサイトを読んで探しなさい。ある程度のサイズのグループでウェブサイトを持たないグループはないと思う。それを読んで、われわれがしていることと同じようなこと（キリストの再臨についての話は別にして）、その価値観、世界のために提供しているアイディアが、われわれが推進している価値観に近いものであるならば、そのグループに連絡を取り、フェアやフェスティバルで何らかの意思表示をしたり、スピーカー（話し手）を交換し合うということも考えられる。

われわれ（ロンドンのグループ）はイギリスではほとんど成功していないが、おそらくそのようなことをあまり試みようとしなかったかもしれない。

すべての人間が和合を求めている。それゆえ、人々はグループに参加したり、グループを形成するのである。同時に、すべての人間が自分の個人性を、転生しているすべての魂のユニークな特質を表現したがる。自然で有機的で、偏見や硬直性のない種類の和合のみが、この地球という惑星をその住人にとって非常に興味深いものにする豊かな多様性のために適切な枠組みを形成するのである。〔註4〕

〔註1〕マイトレーヤの優先事項に関するより詳細な検討については、『マイトレーヤの使命・第三巻』の第一章をぜひ参照されたい。

〔註2〕覚者による記事「人の子」（一九八四年六月）『覚者は語る』より

〔註3〕七種の光線の詳細および国家の光線については、『マイトレーヤの使命・第一巻』の第六章、および第二巻の第十三章を参照されたい。

〔註4〕グループワークの中での和合の達成、人生の目標としての和合の必要性を強調した「和合」のテーマを扱ったクレームの講話および質疑応答について、『協力の術』第三部「和合」を参照されることをぜひお勧めする。

多様性と個人性

質問　多様性と個人性の間の関係は何ですか。一方は他方なしに存在し得るのですか。
(2007.2)

答　個人性がなければ、いかなる関係や多様性についても語れないでしょう。個人性がなければ、何もありません。私たちは個人です。それが、私たちが神から与えられた本質です。その個人性をコントロールすることが重要です。それをグループに押し付けてはなりません。他の人々に押し付けてはなりません。あなたの個人性を決して放棄してはいけませんが、グループの奉仕にそれを向けなければなりません。あなたは他の誰も与えることのできないものを持っているのです。そして彼らも他の誰にも与えられないものを持っています。誰もが、彼らのまさに個人性に、誰にも与えられないものを持っています。それがグループの多様性です。

誰もがユニーク（独特）です。それがあなたの個人性であり、あなたの魂から来ます。

あなたは個性化した人間の魂であり、それぞれの魂がユニークです。顕現《けんげん》した宇宙全体の中で、あなたの魂と同じ魂はありません。それは覚者が即座に認知できるユニークな波動を持っています。これが、誰もあなたから取り上げることのできないものであり、あなたは誰にもそれを取り上げさせてはなりません。その個人性はグループの多様性の一部として受け入れられるべきです。

誰もが思ったことを言う権利があり、他の人々はそれに同意しない権利があります。最終的にはグループ全体は和合に至らなければなりませんが、それは実際的な意味では合意です。グループの合意は投票によって――これ、またはあれに、誰が票を投じるかというようにして――生まれるのではなく、グループの考え方に（互いに熟考し合った末に）植え付けられた思考の合意によって生まれます。それが、私たちがやろうとしていることなのです。なぜなら、その方法によってのみ私たちは正しくアクエリアス（宝瓶宮）のエネルギーと共に働くことができるからです。それは個人的に適用されるのではありません。グループを通してのみ働くのであり、それがグループを形成する意味のすべてです。

グループは生活のあらゆる分野で形成されています。なぜなら人々は、グループが重要性を持つ時代に入っていることを感じているからです。これまでは、グループではなく個人の集団が、一人の指導者（リーダー）に従いました。今日ではそれと異なり、将来はもっと異なるでしょう。指導者の地位は次第に消滅し、全体としてのグループが和合のうちに最大限に多様化し、合意によって決議を行うに至るでしょう。

合意というものを信じない人々がいます。彼らは、合意というようなものはないと言います。「勝つ場合もあり、負ける場合もある」というのが現代のビジネスマンの声です。それは競争のゲームです。どれだけ勝ち、どれだけ負けたかを自分自身で判断するのです。グループ・ワークは勝ち負けや競争とは全く関係ありません。それはグループにおける思考の合意です。他の人々のマインドを克服するのではなく、一番大声で叫ぶことでもありません。

質問　グループの意思決定の過程で、しばしば意見の多様性はありますが、和合はありません。この場合、どうやって決定に至るのかについてコメントをお願いします。(2007.2)

答　同じことです。試行錯誤です。グループの意思決定において意見の多様性があれば、それは当然予想されることです。多様なグループであれば、多様な意見があります。様々に異なった意見があることを受け入れなければなりません。

グループ・ワークの美しさは、合意に到達するところにあります。違いがあることを受け入れ、それを楽しみにしなさい。それが人生の一部です。楽しみなさい。多様な観点が必要です。それに取り組む和合的な方法も必要です。どちらの方法も用いなさい。人々に意見を言わせ、それらをすべて聞きなさい。より意義深く、実際的で、実行しやすいものが出てくるでしょう。それを行い、空想的な意見は脱落させなさい。試行錯誤です。私はあなたより余計に知っているわけではありません。あなたは私と同じくらい知っているのですから。

質問　多様性を通しての和合は、統合のエネルギーを他のグループと共に外に向けて働かせる機会であり、またこの新しい挑戦のために私たち自身のグループで内的に実行されなければならないことにも気づきました。多様性を通しての和合は至るところで実現されなければなりませんね。(2007.2, 2002.1)

答　そのとおりです。私たちの人生の目的は、それに気づいていようがいまいが、和合の確立であり、すでに存在している和合を表現することです。なぜなら、顕現《けんげん》している宇宙のあらゆる原子は他のすべての原子と相互に関係しているからです。

覚者の判断を信頼できるならば、それが事実です。そうであるならば、和合とは、私たちが信じたり信じなかったりする単なるアイディアではありません。それは私たちを進化のプロセスに駆り立てるものです。この進化、意識の拡大は、和合について絶え間なく拡大していく認識のプロセスでなければならず、存在する和合のあらゆる可能な側面の統合でなければなりません。それはあなたが「神のマインド」を持てるようになり、存在全体の底にある和合を見るようになる時まで続きます。和合は、すべての原子が他のすべての原子と同一認することから生まれた私たちの存在にとっての基礎であります。

私自身の和合についての理念は、可能な限り最大の多様性です。七つの光線があり、これらが様々な関係の中で私たちが体験するあらゆる現象を生み出します。そのために無限の多様性があります。すべての国家がこれら七つの光線を魂として、そしてパーソナリティーとして分かち合っています。このようにして国家には非常に様々な特質が生まれます。「和合」と題した覚者の記事（本書二五七頁）はグループ・ワークのみに関係するものではありません〔註1〕。彼はそれをグループの仕事にも確かに関連づけていますが、世界の状況にもまた関連づけています。国際関係とその領域における和合の必要について話しているのです。それが緊急に必要なことです。あなた方自身のグループ関係は理解力と和合の育成を必要としていますが、それは、例えばブッシュ氏が世界の問題を解決するために必要な和合の感覚を欠くために、世界に及ぼす影響とは違います。和合が存在してのみ、協力的に働くことができます。

協力の反対である競争の最も効果的な提唱者がアメリカであり、ヨーロッパ諸国であり、日本、オーストラリア、カナダであることを、私たちは知っています。実際に、非常に限られた数の国々が、世界の舞台を運営しています。世界は非常に複雑な形の体系です。だから、その体系の発展に関する問題、その物質的な存在を維持するという問題だけでも、協力と平和、世界の存在そのものを脅かしている問題を共に解決する能力を必要とします。これらは現実の問題であり、覚者は和合に関する記事の中でそのことについて語っているのです。

彼はその記事をグループに関連づけています。なぜなら彼は様々なグループを監督していますから。そして彼は二つのことを、グループとそして国際的な状況とに関連づけたアイディアを展開しています。なぜならグループは世界に関係があるからです。グループに対する影響は、和合や競争が世界や国際関係に与える影響に比べれば比較的重要ではありません。例えば、もしアメリカが温暖化ガス排出の安定化のための京都議定書に調印すれば、それは良いアイディアだったでしょう。百八十カ国がそれを良いアイディアと見なしたからだけではなく、――そして多くのアメリカ人もそう考えたと思いますが――ジョージ・W・ブッシュ大統領が特定のアプローチを支持しているからです。彼はその問題に対する共和党のアプローチを支持しています。これは歴史的に、彼らの代表する国、アメリカ合衆国の最大の利益と見なされることなら何でもそうでした。ある時点ですべての国の代表は、彼らが彼らの国の最も決定的な利益と見なすものを確実に求めます。ある国々はもう少し進歩しており、意識にいくらか魂が関与しており、より広い観点で物事を考えます。自分たち自身の個人的な利益だけでなく、時にはより幅広い見解を取ることができます。それは良いことであり、有益なことです。それは到達した進化の段階と、アイディアや問題の重要性にかかっています。

私は多様性が人類の生命の根本的な特性だと思います。すべての人間の個人性は事実であるのみではなく、それは人間進化の偉大な事実の一つです。個人性はすべての人間の特異性を示します。個人の延長として、すべての国家は魂とパーソナリティーを持っています。パーソナリティーの光線か魂の光線のどちらかが上位を占め、したがってより影響力を持っています。

不幸なことに、現在、魂の光線はほとんどの場合、より低位のパーソナリティーの光線の活動によって隠されており、ほとんどの国々はできる限り彼ら自身の個人的な利益を求めています。もし彼らがアメリカ合衆国やヨーロッパ諸国のように大国で強力ならば、小国よりも効果的にそうします。小国には国際的な力がなく、彼らの声を聞かせたり、全体に影響を与えたりすることができません。

最大の和合の中の最大の多様性、別の言い方をすれば、最大の多様性と共にある最大の和合が人類の求める理想であり、この世界の発展についてのロゴスの計画と一致したものです。それは退屈な同一性ではありません——実際、その正反対のものです。マイトレーヤはその初期のメッセージの中で次のように述べられています。「わたしに手伝わせてください。道を示させてください——誰も窮乏することのない、より簡素な生活に至る道を。そこでは、同じ日が二度と繰り返されることなく、同胞愛の喜びがすべての人間を通して顕されるのである」〔註2〕

「同じ日が二度と繰り返されない」と言うのは、途方もない発言です。同じ日が二度と繰り返されないような人々というのは小さな子供たちか、十分なお金と暇があって、何でも好きなことができ、人生の瞬間ごとを創造的に満たし、単調な骨折り仕事をしなくていいようなまれな人々だけでしょう。退屈さと単調さは同じことの繰り返しから来ます。和合の中では同じことはありません。それは同じようなアイディアを退屈するまで何度も繰り返すことではありません。それは人生を創造的に見て、生活のすべての様相、すべての動きを、瞬間ごとに新しく創造的に見ることです。あなたが覚者の言われる和合の状態にいるとき、それは時間のない状態であり、私たちすべてにとって存在する創造的な存在でしょう。

〔註1〕覚者の記事「和合」および「和合の必要」をさらに解説したクレームの講話が『協力の術』第三部「和合」に掲載されているので、参照されたい。

〔註2〕マイトレーヤからのメッセージ『いのちの水を運ぶ者』第三信より

質問 他者についての認識と他者との協調は、多様性の中の和合を達成するための必要条件ですか。多様な人々やグループの中で和合をもたらすためにあなたの勧める他の特質や手段は何ですか。(2007.2)

答 あなたが方法を見つけなければなりません。あなたが欲しているのは私の方法ではありません。あなたにとってグループと共に働くための方法が必要です。あなたのグループは実験しなければなりません。様々な方法を用いなさい。私はあなた方が使えるお仕着せの方法を持っていません。そのようなものではありません。私の役目はあなた方を鼓舞することです。私は情報ブースではありません。あなた自身の才能を使いなさい。

質問　多様性と断片化の違いは何ですか。(2007.2)

答　断片化には形がありません。和合の中の多様性は形のないものではありません。形が和合の産物です。断片化そのものには外的な形や和合はありません。

多様性の中の和合にあっては、様々なグループや見解は全体の中の断片ではありません。それらは全体の中の一部です。全体とはそれらが一緒になってできるものであり、それが形を与えます。和合は多様性の中から生まれるのであり、その逆ではありません。まず和合があって、それから多様性があるのではありません。まず多様性があって、それから違いを乗り越え、統合したアプローチを目指し、統合した思考パターンを目指すことによって和合が生まれます。グループ意識がある程度達成されます。それが形を作り、それが和合と呼ばれます。

誰もが和合を望んでいます。誰もが和合に向かって駆り立てられています。人々がグループに加わり、政党に加わるのはそのためです。和合することのできる同じような考えの人々を探しています。あらゆる人生の目的は和合することです。来るべきアクエリアスの時代においては、統合のエネルギーを通してこれが実現されるでしょう。それは人類を融合して真の統合、真の和合を生み出すでしょう。

すべての国が、そしてその国のすべての国民が、彼らの多様性と多様な見解、人生の意味や目的についての様々な感覚で、その目的に向けて個人的な表現を与えるでしょう。このようにして、異なった「光線」の影響下にある異なった国々のあらゆるアイディアや創造性からなる巨大なつづれ織りが形成されます。様々に異なった光線が、その巨大な素晴らしい特質の装いを一つの偉大な和合にもたらすのです。この和合はロゴスのマインドの中にあり、意識するとしないにかかわらず、私たちはロゴスの計画を実行しています。それは計画されたから起こるのです。

ロゴスの大計画の本質は、様々な国の個性（特質）が最も鮮明であることであり、それぞれが即座に認知され得る他のすべての国と異なる自分自身のユニークな特質を表現することです。しかし、徐々にすべては融合し混合した全体の一部となります。それは異なったものの融合と混合であり、同じものの融合ではありません。同じものを融合することは、アメリカが彼らの民主主義のやり方をすべての国々に採用させるようなものです。あたかも彼らは民主主義における政治制度の発展に対する最終的な答えを持っているかのようです。しかし大計画は、それぞれの国が自分自身の運命を実行することであり、その多様性の中から和合が生み出されます。

庭があって、すべての花が白ならば、良い庭ですが退屈でしょう。一つの色の花しかない庭は本当の庭ではありません。しかし、すべての色が自分自身を表現し、ある色から別の色に美しくアレンジされているのを感じるような庭が本当の庭であり、気分を高め、リフレッシュさせてくれます。

一つの色しか使わず、一つの色の濃淡だけで描く画家がいます。統一性はありますが、それは表面的な和合です。ときどきなら構いませんが、すべての絵が一色しかなければ、そこには和合はあっても多様性はありません。同じように、人間が面白いのは多様性があるからです。

質問　マイトレーヤの優先順位の中に「罪悪感と恐怖心の除去」というのがあります。

あなたは過去に「恐怖心」についてはお話しくださいました。〔註〕罪悪感の除去と克服について少しお話しいただけませんか。(2007.02)

答 罪悪感と恐怖心とは非常に関連があります。罪悪感は恐怖心の結果です。恐怖心を起こす根本的な状況もまた罪悪感を生みます。恐怖心は、罪を犯したということの恐怖です。それはキリスト教グループによる過去二千年間の間違った教えの結果です。それが恐怖心と罪悪感を十億のキリスト教徒（の心）に植え付けたのです。転生してくるたびに、彼らは同じこと、――つまり、罪悪感を植え付ける恐怖心と、恐怖心を植え付ける罪悪感――そしてそのような教えが自己尊敬の念にもたらすひどい結果に出合うのです。それが、他の宗教的伝統の人々の心を満たしている無数の古来からの迷信とあいまって、恐怖心と罪悪感が意識の覚醒に向かう道の強力な妨害となるのです。

マイトレーヤの時間の大半は、恐怖心と罪悪感を人類から取り除くことに用いられるでしょう。彼はそれをただ単に操作して取り除くのではなく、彼の教えがその恐怖心と罪悪感を取り除くように導くでしょう。彼は道を示されました。皆さんはそれをすでに知っているのです。恐怖心と罪悪感を取り除く方法は、三つのテクニックを実践することだと、マイトレーヤは示唆されます。あなた自身に、心《マインド》の正直さ、生気《スピリット》の誠実さ、そして無執着を染み込ませ、獲得し、構築しなさい。もし熱心に正しく行えば、これらは必然的に無執着を構築し、その中では恐怖心や罪悪感は消えてなくなるのです。もし執着していないなら、あなたは罪悪感や恐怖心から解放されるのです。他にありようがないのです。罪悪感と恐怖心は執着の中に存在するのです。

もしあなたが自分の信仰――キリスト教、イスラム教、仏教――に執着していて、その信仰に反することをするなら、罪悪感と恐怖心で生きているのです。例えば、ローマカトリック教徒は、婚外セックスをしてはならないと教えられ、さらに結婚相手とも避妊具を使ってはならないと教えられています。しかし、何百万というカトリック教徒はその教えを守ってはいません。だから、彼らは自分たちの行為によって植え付けられた罪悪感の中で生きています。

ローマカトリック教徒にとって、これはとてつもない内的葛藤なのです。婚外セックスをしてはならない、教会内で二度結婚してはならない、避妊は罪であると法王によって定められたローマカトリック教会の規則に従わなければならないのか？　もしカトリック教徒が、法王の言うことを信じれば、彼らは常識ではこれは悪いことでも罪深いことでもないと分かるので、問題を抱えることになります。彼らは植え付けられた罪悪感と天罰の恐怖におののくのです。

マイトレーヤは良識を語ることで、この罪悪感を人類から取り除くでしょう。あなた方は無執着を実践することで自分自身でそれを取り除くことができるのです。それはすべて無執着に関係しています。天罰を恐れるゆえに天罰に執着していれば、罪悪感を感じるのです。執着していなければ、恐怖心はありません。罪悪感もありません。

間違った行為というものはあります。けれども、それは正すことができるのです。カルマの法則がすべての行為を正します。それは非常に慈悲深い法です。あなたが破壊的な間違いを行ったとき、カルマの法則を通してあなたが自分自身にもたらしたその結果によって変えられるのです。それは結果であって、天罰ではありません。

カルマの法則とは、あなたに罪悪感を感じさせるものではありません。それは単にあなたに法則を与えるだけです。「蒔《ま》いた種を刈り取る」のです。あなたには思考があり、行動があります。あなたが始動させたこれらの原因から生じる結果が、人生を良くも悪くもするのです。あるものは良く、あるものは苦しいでしょう。しかし、それは自分でやったことなのです。天罰というものはありません。カルマがあるのです。その法は均衡を取ろうとしている、つまり蒔《ま》いた種を刈ろうとしているのです。人々がカルマの法則を本当に理解することができるように、マイトレーヤはそれを現実に見せてくださるでしょう。人々は最善の行為は無害な行為であることを知るでしょう。なぜなら、そうするとあなた方は無害の結果、創造的な結果、良い結果を摘み取ることになるからです。良いカルマを皆さんは持っているのです。

〔註〕クレーム著『マイトレーヤの使命　第二巻』第十章「恐怖心の克服」、またはクレーム著『不安感』を参照

質問　あなたは罪というものはないと言われましたが、貪欲、利己主義、嫉妬、人種差別など、分離の生み出すあらゆる犯罪についてはどうなのですか。それらはすべて進化の欠如のしるしなのではないですか。(2010.10)

答　はい、全くそうですが、私が罪について語るときには、非キリスト教的な意味で述べています。キリスト教徒は罪と誘惑する悪魔について語ります。しかし、それは無関係です。覚者方の観点からは、唯一の「罪」とは分離と分離主義です。他の罪はすべてそこから生まれます。

質問　(一) ハートを開発することは可能ですか。(二) 他者に対して、世界に対して、もっとハートから反応できるためにはどうすればよいですか。(2006.02)

答　(一) はい。(二) もっと瞑想しなさい。もっと奉仕しなさい。感情的な（みぞおちの）反応と、霊的なハート・センター（右の胸にあるチャクラ）の反応の違いを認識できるようになりなさい。後者への感受性を養いなさい。包括性を養いなさい。不快で苦痛のある事実から目をそらさないようにしなさい。自己満足しないようにしなさい。愛を体験したとき、それを表現するのを恐れたり恥ずかしがらないようにしなさい。

質問　どうすればマインドをもっとオープンにできますか。頑《かたく》なにならず、信念に凝り固まらないためにはどうすればいいですか。(2008.11)

答　違いに対して寛容になることです。反対の考え方の人にもっと会って、彼らの見解を理解しようと努めることです。

質問　マイトレーヤは言われました。「自己尊敬なしにはあなたは何もできない」。では、自己尊敬の念が低いときに人ができることは何ですか。(2009.06)

答　どんな種類のものでも、達成することは自己尊敬の念を高めます。ですからすべての努力は、多かれ少なかれ、何らかの目標を達成するために取り組まれるべきです。それから目標を〝高めて〟いき、達成とともに生じる自信が着実で頼りになるようになるまで続けるのです。

志向が鍵です。私たち自身や他者の中に潜在している志向を鼓舞できれば、自己尊敬の念は自動的に生まれます。

ハイアラキーの三つの実験――米国、英国、ロシア

質問　あなたは講話の中で、英連邦は多様性の中の和合の一形態であり、ロゴスの大計画の中で果たすべき役割を持っていると話しました。この点についてアメリカ合衆国にも言及されました。ジュワル・クール覚者は『ハイアラキーの外的顕現』の中で、ソビエト社会主義共和国連邦は、偉大な共和国連邦として将来の統合を表していると述べています。英連邦、米国、旧ソ連、そしてロゴスの大計画について説明していただけますか。(2007.2)

答　大計画には三つの様相があります。一つはイギリス、一つはアメリカ、一つはロシアです。私は講話の中でイギリスの役割について述べましたが、ロシアについては話しませんでしたので、これは非常に適切な質問です。同じような種類の実験がロシアでも行われています。

アメリカでの実験は非常に単純です。あらゆる異なったヨーロッパ民族が単にすくい上げられて、アメリカに降ろされました。こうしたあらゆる異なったグループが混じり合い、

その中からやがて全く違ったものが生じるでしょう。アメリカ人のことははっきりと見分けることができます。なぜでしょうか。アメリカ人の顔には、ヨーロッパにはないものがあるからです。アメリカはこうしたあらゆる異なったグループの混合です。チュートン系、ラテン系、アフリカ系、アメリカ原住民系、南米系など、あらゆるグループがアメリカで一緒になりました。こうしたあらゆる異なった人種タイプやグループが混じり合い、その中から今まで見たこともないようなものが現れています。今日、アメリカは単なる肉体的な混合ではありません。覚者方にとってそれはさほど重要ではありません。覚者方は肉体を最低の様相と見なします。彼らが関心を抱いているのはサイキック（心理的）な面、意識の進化、異なった民族の異なった意識のタイプや様相の進化です。

人類は、ロゴスのマインドの中にある進化の大計画に従って常に進化しています。ハイアラキーは、キリストや仏陀のような高位のメンバー方を通してロゴスのマインドの中に入り、大計画を知っています。彼らの仕事は、人類と下位王国を通して大計画を成就させることです。

その実験は三重であり、そのせいで非常に強力になっています。三角組（トライアングル）であることによって強化されています。三角形の頂点の一つはイギリスにあり、もう一つはアメリカに、三つ目の頂点はロシアにあります。イギリスでは、その実験とは国家連邦のことであり、世界の多くの国家集団を一つの小さな国へとグループ化することです。連邦内のあらゆる異なったメンバー国が独自の存在とアイデンティティーを保ちながら一緒になっています。異なったグループが一緒にいますが、全体として混じり合っているわけではありません。しかし、比較的平和に共存しています。

現在行われているこの実験の中で、ロシアは三つ目の様相です。旧ソ連はあらゆる異なった民族——西はサンクトペテルブルクから東はウラジオストックまで広がる地域の約二億八千万の人々——を一緒にしました。これは全世界の地表面積の六分の一に相当します。ロシアは、西部のヨーロッパ民族、黒海周辺の民族、カザフスタンとウズベキスタンを通り、さらにロシア東部のイスラム民族を通ってウラジオストックに至るまで、多くの異なった民族から構成された巨大な国です。それは並々ならない混合です。

（マイトレーヤによって予測され、『シェア・インターナショナル』誌で発表され、プレスリリースとして世界のメディアに送られたように）旧ソ連は今や解体されています。これはほとんど気づかれないままに起こりました。現在では自治国と半自治国の連邦があります。自治国になろうとしていまだに苦闘している国もあります。そうした国々が、均質化された旧ソ連を構成していました。そして独裁者グループ、モスクワの実力者、共産党の支配下にありました。共産党員はおよそ一千万人しかおりませんでした。大体一千万人が共産党への入党を許可されました。その小グループは、旧ソ連内の二億七千万の人々にその意志を押し付けました。彼らは平等を目指しましたが、自由を忘れていました。モスクワ政府は今でも疑いなく、旧ソ連の他の地域の情勢をもっとコントロールしたがっています。しかし、そうした地域は独立した国家になっています。

アメリカも実際のところ、かなりの程度の自治権を持った諸州の連邦です。連邦法と州法があり、これらはいつも同じとは限りません。各州は非常に用心深く独自のアイデンティティーを守ろうとし、連邦法だけに完全に従うことは決してありません。各州は自州の運営に関して大きな発言力を持っています。

旧ソ連では、連邦内の独立したメンバー国は、自国がどのように運営されるかに関して理論的には完全な発言権を持っていますが、西ロシアとモスクワがいまだに、あまり開発の進んでいない数カ国に対してある程度の支配力を持っています。地方政治のレベルでは、古い共産党体制を維持あるいは打倒しようとして大きな内紛も起きています。心の底ではいまだに共産主義者である人々がいます。それは解消するのに長い時間のかかるプロセスです。

ロシアとアメリカの憲法を見比べれば、意外なことに非常によく似ています。両国は全く同じことを信じています。どちらも第六光線のパーソナリティーの国です。それぞれの国が自分の国には自由があると考えています。それぞれの国が自分の国には正義があると考えています。両国の理論的な目標は自由と正義だからです。アメリカには、ある程度の自由はありますが、社会正義はほとんどありません。ソビエト統治下のロシアには、ある程度の社会正義はありましたが、自由は全くありませんでした。伝統が異なるため、両国は異なった取り組み方をします。自由がなければ正義はあり得ないということ、そして正義がなければ自由はあり得ないということを、両国は徐々に理解するようになるでしょう。自由と正義は同じ一つのものです。

これらが、人類の発達のための進化計画に沿った三つのグループ分けです。そのようにして、最も大きな多様性を伴った最も大きな融合が生まれるでしょう。これら三つの偉大な実験のすべて――アメリカ、イギリス、ロシアの連邦国家――がそれぞれ異なったやり方で多様性の中の和合を目指しています。そのようにして大計画は展開していきます。

もちろん、これらの国家間には大きな交流があります。三角組（トライアングル）として、ハイアラキーのフォース（エネルギー）が、これらの三つの国家を通して流れます。それは次のおよそ二千五百年間、世界で最も重要な三つのグループ分けであり、それによって人類の完全な変容がもたらされるでしょう。これらの国の光線もしくはエネルギーが変化をもたらすでしょう。イギリスでは魂の愛と智恵の第二光線のエネルギーとパーソナリティーレベルの力または統治の第一光線、アメリカでは魂のレベルからの愛と智恵の第二光線とパーソナリティーレベルの理想主義または献身の第六光線、ロシアでは魂のレベルからの組織または儀式の第七光線とパーソナリティーレベルの理想主義と献身の第六光線です〔註〕。このような光線がこれら三つのグループを通して作用するでしょう。ときどき、他の国家の人々がイギリス、アメリカ、ロシアのグループに転生し、これがやがて、最大限の多様性とすべての民族の自由を備えて、世界の一体化をもたらすでしょう。

〔註〕光線の特質および国家の光線については、『マイトレーヤの使命』第一巻第六章と第二巻第十三章を参照されたい。

質問　これらの異なった発達の目的とは何でしょうか。(2007.2)

答　どの根源種にも七つの亜種があります。今日のすべての民族は第五根源種の一部です。ヨーロッパとアメリカは第五根源種の第五亜種を代表しています。これらの人々の中から、特にアメリカで、第五根源種の第六亜種の核となる人々がゆっくりと引き抜かれています。第五亜種は低位具体的マインドの第五光線の特質を表現します。これが現代のテクノロジー科学の進歩を生み出しました。第六亜種はやがて、直観と呼ばれるマインドの高位様相に表現を与えるでしょう。

私たちが一般に科学として知っているものは、覚者の観点から見れば、低位マインドの活動です。しかし、低位だからといって劣っているという意味ではありません。それは単にマインドの低位様相であり、頭脳を使って今日の科学を、具体的な科学を創造しています。

科学には三つのタイプがあります。具体的な科学であるテクノロジーがあり、哲学的、理論的、抽象的な、高位マインドの科学、例えばアインシュタインの科学があります。覚者方が使うサイキの科学、つまりホワイトマジック（白魔術）もあります。それは他の科学と同じように科学ですが、目には見えません。ただし、その結果を見ることはできます。

例えば、覚者が部屋に入って来るとします。彼はどうやって壁を通り抜けて来たのでしょうか。彼は突然現れます。彼はホワイトマジックによってこれを行い、この同じ科学によって突然消えたりもします。彼は掌《てのひら》で何かを創造します。サイババであれば、手を差し出せばビブーティを創造します。それは同じサイキック科学であり、サイキック装備の異なったレベルを活用する科学です。これらすべての科学は、知識と思考を異なったレベルで適用したものです。すべての科学は、顕現《けんげん》した宇宙のすべてのものがエネルギーであり、エネルギーは思考に従うという根本的な原理に関連しています。

先ほども述べたように、第六亜種は直観を、魂の知識を発達させるでしょう。それは頭脳を通して意識の中に降りて来ます。低位マインドの機能は合理化すること、識別することです。あなたは経験から知ります。あなたは方程式をつくります。直観は思考を超越しています。それは思考レベルに降りてくる前は、魂の機能です。魂はそれ自体の界層で知っており、肉体の神経組織を通して、自らが知っているものを知らせることができます。考える必要もなく、ただ「知る」のです。

ですから、そのグループは直観の使い方に長《た》けるようになり、これは人類にとって大きな前進となるでしょう。

質問 英国の国旗ユニオン・ジャックは多様性の中の和合の象徴ですか。(2007.2)

答　ユニオン・ジャックはまさに多様性の中の和合の象徴です。それはイングランド、スコットランド、北アイルランド、ウエールズの旗を表しています。

質問　なぜロシア人は、法に優越する秩序、あるいは真の民主主義に優越する秩序と支配を選ぶのでしょうか。選挙民は、さらなる国内外の紛争につながる恐れがあるにもかかわらず、安全を保障してくれる〝強い人物〟を好んでいるように思われます。(2007.2)

答　失礼ながら、それはロシアの状況の分析としてはかなり素朴なものに思われます。世界のいかなる国も〝真の民主主義〟なるものを持ちません。スカンジナビア諸国はおそらく理想に最も近いものを持っています。アメリカは大企業やペンタゴン（国防総省）によって動かされ、その利益のために動いています。英国やその他のヨーロッパ諸国は古い貴族的な権力や大企業によって動かされています。

ロシアも、多くの国と同じように、移行期にあります。ロシアの光線構造を見れば問題が明らかになるでしょう。魂の光線は儀式的秩序と組織の光線である第七光線であり、組織的な統合と恩恵ある秩序に向けてこの巨大な国に強力に影響を与えています。同時に、パーソナリティーは第六光線（理想主義と献身、そして過去の時代の光線）であり、この大国の大衆によって表現されています。これらは正反対の方向に働き、必然的に葛藤につながります。ロシアの国民は深い部分で宗教的です。ジュワル・クール覚者は（アリス・ベイリーを通して）、新しい第七光線の宗教はロシアから出現すると予言されました。

二　政治形態の多様性

新しい時代の政治形態

覚者による記事

今日の政治構造には三つの主なタイプがあり、不完全ではあるにせよ、神の意図の三つの別々の様相を反映している。これらの三つの形態に、われわれは民主主義、共産主義、ファシズムという名前を付けた。いかに歪められているにせよ、各々が聖なるアイディアを宿す。いかに堕落したものであるにせよ、各々が神聖なるエネルギーの表現であり、各々がこの惑星の主要な中心（エネルギーセンター）に関連している。

われわれが民主主義と呼ぶものは、今日いかに不十分であろうとも、神の愛の特質の反映であり、それは神の愛が表現される中心である霊的ハイアラキーによって模範が示されている。共産主義と名づけられたものは、いまだ不完全ではあるが、神の知（インテリジェンス）の表現であり、人類そのものがその中心である。ファシズムは今日完全に歪められているが、これは神の意志の明らかなる中心であるシャンバラからの意志のエネルギーが反映される。

これらの三つの形態の組織と関係は、それぞれ多かれ少なかれ過渡期の状態にある。それぞれが背後にある聖なるアイディアを十分に表現する方向に徐々に変容していく中に、将来の平和共存の希望が横たわる。

今日これらの形態はそれぞれに強烈な対抗意識と排他的精神で特徴づけられる。各々の信奉者は、自分たちのみが人間が必要とする構造と組織についての解答を持つと確信しており、自分たちの特定のシステムを奨励するために、必要とあれば、世界を破局的戦争に落とし入れることも厭《いと》わない。

将来はどうなるか。いかにすればこれらの表面上異なる対立した政治思想の様式が人間を苦しめないようにすることができるか。方向転換しなければ、人類は恐ろしい危機に直面していることを知るのに先見の明など必要ない。核の脅威はすべての者に明らかである。早急に必要な最初のステップは、人類は一つであり、外的形態がいかに多種多様であり、明らかに対立しているように見えようとも、人間の必要はいずこにあっても同じだということを認識することである。貧困な国々と豊かな国々との間にある生活水準の途方もない格差は、この本質的な人類の一体性を笑い草にしており、その中に戦争の種を宿している。したがって答えは単純である。分かち合いの原則を実施することが、この惑星の生活に存在する分離の解決につながる。それ以下のことでは不十分である。分かち合いは聖なることであり、神の子供たちのための神の大計画の一部であり、いつの日か具現されねばならない。

人間が分かち合うとき、分割は狭まり、分離は癒されるだろう。そして三つの主要な政治構造を通して、神の愛と意志と知はより正しく反映されるだろう。すべての人間が参加する真の民主主義が、今日のまがいものに取って代わるだろう。新しい自由の精神が共産主義の理想に温かみと愛を添えるだろう。情け深い神の意志を具現する真に霊的なハイアラキー（階層）が、いつの日か現在の権威主義的統治に取って代わるだろう。このようになるだろう。

このようにして外的形態が内面の聖なるいのちと目的を反映し、人間に新しい表現と関係の様式を提供し、神の特質がますます実現されていくだろう。すべてのことが分かち合いの受け入れを待つ――分かち合いが正義と平和への鍵である。

（『シェア・インターナショナル』一九八二年十二月号に掲載、『覚者は語る』四七頁）

質問　〃ファシズム〃が、たとえより純粋な形であっても、神性の属性として見られるということを受け入れるのは難しいです。もう少し説明していただけますか。

答　ファシズムは「意志」または「目的」の第一光線の様相に関連しており、神の意志が知られるシャンバラに中心（センター）があります。これは今日のファシズムの破壊的な全体主義とは全く関係ありません。

質問　ファシズムがいかにして神（神性）に霊感を与えられる政治形態に進化できるのか、想像し難いです。（一）より完全な形のファシズムとはどんなものなのか、説明していただけますか。（二）例えば、霊ハイアラキーに直接鼓舞されたリーダーが一人いるのでしょうか。

答　（一）全体としての国家が、最高の神聖な「意志」の様相を顕《あら》わすように、ハイアラキーの目的を反映するように、組織されるのです。政治構造は階層的ですが、国民すべてに完全な自由と社会的正義（公正さ）があるでしょう。（二）はい、そのようなリーダーがいるでしょう。

質問　キューバのフィデル・カストロのような、(初期の時代の)情け深い独裁主義は、全く不完全ではあるが、シャンバラの「意志」の様相を反映する〝ファシズム〟と考えられるでしょうか。

答　いいえ。フィデル・カストロはキューバに共産主義をつくろうとしました。

質問　現在、どの国が、可能性として、ファシズム的な政治組織に向かって進んでいますか。

答　中国です。

質問　「新しい時代の政治形態」という覚者の記事を読んで、アメリカ合衆国が民主主義を他の国々に輸出する、あるいは押し付けようとすることがいかに間違っているかを知りました。(一)それぞれの国は三種類の政治形態の一つを確立するように運命づけられているのですか。(二)その国の人口の構成に関係しますか。

答　(一)はい。基本的にはそうですが、実際にはすべての国がそのように運命づけられているわけではありません。(二)はい、そうです。

質問　(一)国家の魂は、特定の政治機構を通して、より良く表現できるのですか。(二)国家の光線構造がその国にどの政治形態が根ざすかを暗示できますか。

答　(一)はい。(二)はい。

質問　覚者の言われる三種の政治形態は人類種族に関するハイアラキーの三つの実験とどう関連しますか。

答　三種の政治形態は第一、第二、第三の様相の光線の特質を表します。「様相の光線」とは基本的な光線であり、そこから四、五、六、七の「属性の光線」が派生し、それらは特質を与えます。共産主義は第三光線の指導の下にあり、知性の様相を反映し、人類自身がそのセンター(中心)です。民主主義は第二光線、愛の様相であり、霊ハイアラキーがセンター(中心)です。ファシズムは第一光線の指導の下にあり、意志と目的を顕《あら》わし、シャンバラに中心があります(これは、すべて完全な形態になる場合です)。国家または個人の魂が第四、第五、第六、第七の属性の光線上にある場合には、様相の三つの光線のいずれかに対応を見つけなければなりません。

アメリカとイギリスは第二光線の下にありますから、神の愛の様相に関連しています。

ロシア（第七光線の魂）は知性の様相に関連し、中国（第一光線の魂）は意志、目的の様相に関連します。人類は絶えず移動しており、国家の人口構成も変化しますから、これらは明確に決まっていることではなく、流動的であることを念頭に置かなければなりません。

質問　あなたは、国家の理想的な経済構造の割合は社会主義が七〇パーセント、資本主義が三〇パーセントだと言われました。それは、これら三種の政治形態のいずれにおいても達成可能ですか、それとも形態によって異なるでしょうか。

答　この割合は、これら三つの政治形態のいずれにおいても達成可能です。

統治形態の多様性

質問　カストロ議長（キューバ）、チャベス大統領（ベネズエラ）、モラレス大統領（ボリビア）は西欧の民主主義とは異なった統治形態を持っているのでしょうか。(2007.3)

答　カストロ議長は古い世代の最後の人物です。政治的な観点から見れば、過去およそ五十年間キューバを率いてきた共産主義者です。チャベス大統領はいくらか異なっており、モラレス大統領もまた異なっています。現在は昔とは異なった世界になっています。カストロ議長は古い型の共産主義指導者の一人です。私の考えでは、彼はいくらか時代遅れになっています。

チャベス氏は控え目に言っても型破りな大統領ですが、様々な素晴らしいアイディアを持っています。少し普通でないのもあるかもしれませんが、そうしたアイディアは一定の線に沿っています。彼は開発途上世界の出身です。ベネズエラは、石油が発見されるまでは非常に貧しい国でした。今では巨大な石油埋蔵量を抱える裕福な国であり、したがって突然、特に米国にとって重要な国になりました。米国はチャベス政権の傾向が気に入らないようです。米国で権力の座についている人々にとってチャベス政権は、その玄関先に置いておくにはあまりに左寄りすぎます。チャベス政権は、CIA（中央情報局）によって転覆させられたチリのアジェンデ政権と非常によく似ています。ですから、アメリカ人はベネズエラの反対勢力を支援するために、そしてチャベス政権にできる限り圧力を加え弱体化させようとして、何百万ドルも提供します。ベネズエラには、自分たちの宣伝や圧力団体のために、こうした何百万ドルを喜んで受け取る裕福な右翼組織やグループや実業家がたくさんおり、チャベス政権の革命的な勢力に対抗しようとしています。一方、チャベス大統領自身は世界中を旅して回り、多くの政府との関係を構築しています。

他方、イギリスでは、いわゆる「新しい労働党」は、ほんの数パーセントだけ労働党の理想とフェアプレーを意味していますが、残りの大部分、おそらく八十パーセントは市場フォース（エネルギー）に基づいた商業主義を意味しています。市場フォースに盲目的に従う世界の政府は国民を破壊へと導いていると、マイトレーヤは述べています。それがまさしく世界中で起こっていることです。

市場フォースはその性質のゆえに、私たちの文明を滅ぼそうとしています。この破壊的な原則、商業主義が、健全であるすべてのものを、公正であるすべてのものを、良識的であるものさえすべてを、世界の経済過程から追い出しているのを目の当たりにすることができるでしょう。それは保健医療や教育などに関わるすべての政府機関を、さらには人間そのものを、市場フォースの手先にしようとしています。

チャベス大統領とモラレス大統領とでは統治形態がかすかに異なっています。統治形態には多くの種類があります。民主主義と呼ばれるものもあれば、半民主主義のものもあれば、明らかに非民主主義のものもあります。世界はやがて一体化するでしょう。アクエリアス（宝瓶宮）のエネルギーは必然的により大きな統合をもたらしますが、今日ではパイシス（双魚宮）のエネルギーが人々を異なった方向へと駆り立てています。

質問　一つの政治経済システムの下に一体化されるという意味ですか。(2007.3)

答　米国のやり方で世界を一体化させることもできるでしょう。競争に基づいた市場フォースと提携して、米国型の経済システムに従うこともできるでしょう。それは少数の人々には有利ですが、大多数の人々には不利なものであるため、分裂や不安をつくり、やがては今日のようなテロや戦争を生みます。米国型の帝国、パックス・アメリカーナという意味で世界を一つにしようと試みることができると、人は考えるかもしれません。そうなれば、すべての人が米国型の民主主義の理念を持つことになるでしょう。そして、戦争へと突き進まないにしても、世界は貪欲に競争し続けるでしょう。しかし、これは幻想です。決して実現することはないでしょう。

そのようなわけで、今日、戦争やテロが起こっているのです。米国の考え方は過去のものだからです。世界は米国の経済支配によって、本質的に将来、持続不可能な統治形態や関係へと追いやられてきました。そうした支配が伴う競争は善意をもたらしません。なぜなら競争は過去にだけ関係し、未来に与えるものを何も持たないからです。

善意こそ明らかに私たちが必要とするものですが、競争は善意をもたらしません。競争は正反対のものです。競争はあなたがつくるものを増殖させ、市場をめぐって争い、競争者たちと敵対しながら自分に有利に商談を進めようとします。そのようなやり方は対決につながり、やがては戦争に、ますます多くの戦争につながります。それは過去のやり方です。

それは本当に競争か協力かの選択です。協力は未来のやり方であり、人類に役立つ唯一のやり方です。

質問　各国政府が現在、とても無力なように思えるのはなぜですか。(2007.3)

答　各国政府は過去の観点からのやり方しか知らず、それはもはや通用しません。ですから地球上には今日、実際に統治することができる政府はありません。政府は全力を尽くしますが、すべて失敗します。なぜなら根本的に、政府は時代遅れの手段を使っているからです。すべての政府が陥ってしまった現在の行き詰まりを打開する方法は、一つしかありません。それは分かち合いのシステムを開始することです。

各国政府がそれを行うや否や、信頼を創造することになり、他のすべての問題に協力的に取り組むことができるようになるでしょう。そうした問題は協力的に解決されなければなりません。解決策を求めていない国に解決策を押し付けることはできません。それは、分かち合いによって生み出された信頼がそこにあり、その信頼によって変化が起こることが可能になるときに、協力によってのみ起こり得るでしょう。その後、信頼によって生まれた善意が、今日では解決することが不可能に思える問題の解決を可能にするでしょう。

質問　ベネズエラのウーゴ・チャベス大統領と、ラテン・アメリカにおける左翼政権の台頭についてどう思われますか。それは、政治家は貧困を削減するために働き、富裕層に

迎合しないという、今後世界に台頭してくる政治の形ですか。(2007.1)

答　正義と貧困や飢餓の終結を見ることを欲する人々にとっては誰でも、その質問に対する答えは「然り」であるはずです。チャベス氏は、終わりのない積年の貧困と苦しみから国民を脱却させようとしており、オイル・マネー（石油からの収入）をそのために利用しています。同時に、アメリカが彼の仕事を（陰険なやり方で）傷つけようとする試みをかわそうとしています。ハイアラキーは、健全な社会の結合と正義のための理想的な関係は、七十パーセントの社会主義と三十パーセントの資本主義であるという見解を持っています。

質問　ウーゴ・チャベス氏（ベネズエラの大統領）はこれまで祖国のために多くの奉仕をしてきましたが、最近は、憲法を改正して無期限に役職に留まろうと企てるなど、バランスを失っているようです。コメントをお願いします。(2007.1)

答　誤解があるようです。彼の改革プログラムは完成まで何年もかかるもので、彼には国内外に、特にアメリカ政府内に多くの敵がいます。ですから、彼が改革を実行するためにもっと時間が必要なのは明らかですが、それは必ずしも無期限である必要はありません。

質問　最近レバノンでは、ラフィク・ハリリ氏、サミール・カシール氏、ジョージ・ハウィ氏、ゲブラン・ツエニ氏の暗殺が起こりました。さらにマイ・シダイク氏とエリアス・ムール氏の暗殺未遂事件も起きています。これらの事件すべてにＣＩＡが直接あるいは間接的に関わっていると思われますか。そうであれば、彼らは何を狙っているのでしょうか。(2006.1)

答　すべてに関わっているわけではありませんが、ラフィク・ハリリ氏、ゲブラン・ツエニ氏の暗殺と、マイ・シダイク氏とエリアス・ムール氏の暗殺未遂には関わっています。彼らは、ラフィク・ハリリ氏を殺したときのように、これらの暗殺や暗殺未遂の責任をシリアに負わせようとしています。このすべては〝イラクの反乱〟への援助に関して、シリアを統制に服させようとするための圧力の一部です。アメリカにとってシリアは、イラン、北朝鮮と並ぶ〝悪の枢軸〟の一つだと考えています。

質問　テロリズムと破壊の高まりを止めるために、人類に何ができるでしょうか。(アメリカ講演会での質問)(2010.10)

答　テロリズムは、覚者方によれば、基本的に不正義の結果です。他の要素もありますが、根本的な原因は不正義の感覚です。G８諸国が長年にわたって世界の物資と資源を独占してきたのは疑いの余地がありません。私たちは途上国の人々を無数の年月にわたって搾取してきました。途上国の人々は当然ながら苦しみ、この状況を正したいと欲します。彼らは絶望感に陥り、どうすればいいか分かりません。現状を変える方法の一つとして、最も攻撃的な方法はテロリストになることです。

テロリズムは恐ろしいものです。潰瘍です。しかし、その原因を知れば理解できるものです。私たちは攻撃的な行動の背後にある原因を追求しなければなりません。戦争やテロリズムの背後にある原因は何でしょうか。テロリズムの原因は深い苦しみの感覚であり、人生のほんの一部しか与えられていないという感覚だということが分かるでしょう。テロリストは、アメリカやヨーロッパ諸国や日本のような豊かな強国が持っているもののほんの断片しか持っていないと感じています。それは公正なことには思えません。彼らは人間であり、自分たちは人類の一部だと感じています（現にそうなのです）。しかし、最高の生き方、彼らが人生に与えることのできる最高を生きる機会を与えられていません。ですから、彼らの多くは、しばしば最も若く勇敢な人々がテロリズムに向かいます。

テロリズムに対して戦争を起こすことができると考えるのはばかげています。国家に対して戦争を起こすことはできますが、未知なる敵と戦争することはできません。テロリズムに対して戦うことはできません。それは流動的であり、国家として存在していません。おそらく例外なくあらゆる国にテロリストはいます。アメリカにもアメリカに反対するテロリストがいます。彼らは様々な国の出身ですが、アメリカで生まれ育ちながらアメリカの生活様式のある部分によって深く傷つき侮辱されたと感じているテロリストもいます。

このまま続けることはできません。この国アメリカは、行くところどこにでも敵をつくります。まるで敵なしにはアメリカは存在できないかのようです。敵をつくらなければならないのです。なぜでしょうか。自分が巨大で強いことを証明するためですか。私たちはアメリカが巨大で強いことを知っています。アメリカは巨大で、強い、健康な若者のようです。性急で、自分の力を意識し、自分が無敵であることを知っています。かなり攻撃的で、若さと強さを鼻にかけています。アメリカは国家としては非常に若いです。成長する時間を自分に与え、あちこちに敵をつくって自分の力、強さ、武器を自慢することをやめなければなりません。

アメリカは、第二次世界大戦以降、他のどの国よりもたくさん戦争をしています。政府に戦争をやめさせなさい。それをするのはあなた方です。政府をいのちの法則に従わせることができるのは、あなた方です。いのちの法則は戦争を可能にするものとは正反対です。私たちは戦争を意識から完全に追い出さなければなりません。戦争では何も解決しません。戦争はさらなる戦争を生み、さらなる苦しみ、不調和、そして今日のあらゆる種類のテロリズムを生むだけです。

テロリズムはどんどん洗練されています。それに対して戦争で挑むことはできません。なぜなら、それがどこから来るか分からないからです。世界のどんな国でも起こり得ます。

質問　フィデル・カストロ後のキューバの将来について、何か情報をお持ちですか。

(2007.5)

答　キューバは、二つの行動様式の結果、長年人工的な国家でした。一つはカストロ自身、もう一つはアメリカ政府の行動です。アメリカ政府はキューバに対しあらゆる援助と貿易を長年停止してきました。同時にカストロ――彼は幾つかの非常に良い特質の持ち主ですが――は長年キューバの独裁者であり、あらゆる独裁というものは、それが恩恵的であれ何であれ、誰にとっても良いものではありません。ですから、アメリカが経済封鎖をやめ、カストロが引退してキューバ人の生活のあらゆる側面への支配を放棄すれば、キューバの人々は急速に進歩することができるでしょう。

独裁は、たとえ恩恵的な独裁であっても、人類の必要への答えではありません。人々は自由でなければなりません。そして自由は正義の感覚と関わっていなければなりません。キューバではある程度の自由はありますが、政治的な自由は全くありません。正義と自由は互いに結びついていて、どちらも聖なるものであり、あらゆる人間の神性にとって両方とも必要です。

ですから、カストロの支配の終わりは、長期的にはキューバ国民にとって真に良いことでしょう。彼らは自分自身で成長し、自分自身で考え、自由と正義を共に持つでしょう。

質問 アメリカや他の国の軍隊がハイアラキーに助言を求めるとすれば、アフガニスタンとイラクの恐るべき混乱に対するどんな解決策が与えられますか。(2007.10)

答 侵略によって企てられた過ちを認め、これらの国々に平和と平静をもたらすために必要な資金とあらゆる物資を注ぎ込むことです。その復興を始めて、完了させるための最良の方法を検討するために国連主導の調査を開始することであり、そして今後このような侵略行為を世界のどこにも行わないと誓うことです。

質問　(一) 対立的で葛藤を生む政党政治にとって、連立政府は前進の道ですか。(二) それは将来ますます増える合意による政府の一形態ですか。(2010.5)

答　(一) はい。(二) はい。

質問　パレスチナとイスラエルの両者に、平和と寛容に達するための交渉に応じなければならないと確信させるためには、何が必要でしょうか。(2009.1)

答　彼らが交渉しなければならないと言うのは簡単ですが、双方の隔たりは非常に大きく、彼らが共存していくためにはマイトレーヤの存在が必要であると私は確信しています。交渉による平和は、公正で持続するものでなければなりません。これまでのところ、パレスチナは公正で正義にかなった解決策を提示されていません。イスラエルもまた本質的な違いのある事項について交渉に応じていません。

かつて南アフリカをアパルトヘイトの廃止に追い込んだような世界的な通商停止措置が、イスラエルを交渉のテーブルにつかせるための最も効果的な方法だと思います。

質問　イスラエルのような国の製品をボイコットすることは本当に効果的ですか。ボイ

コットによってその国の貧しい国民が常に被害を受けることはないのですか。(2011.10)

答　それは国によります。ボイコットは国際社会が不法な慣行を承認しないことを示すための方法です。それはかなり単刀直入なやり方であり、ボイコットの種類によっては、その国の豊かな人、貧しい人、またはすべての市民に影響を与えます。

質問　一九六七年の六日間戦争の間にイスラエルが行った行為が〝邪悪〟の性質を持つものだとしたら、彼らがパレスチナ人、特にガザ地区の人々に対して行っている行為に関しても同じエネルギーが働いているのですか。(2009.1)

答　はい。

質問　イスラエル軍は約七百人の元パレスチナ活動家の乗っている船に乗り込みました。約九名の活動家が殺され、多くが逮捕され、残りは追放されました。(一) これはイスラエル政府が、あなたが「非道なエネルギー」と呼ぶ、第二次世界大戦で敗北した反キリストのエネルギーの残余物に影響を受けているために行われた邪悪な行為ですか。(二) これは、あなたの情報によれば、イスラエルの政府と軍の多くの人々が過去生においてドイツ軍の将校であり、ナチのイデオロギーの支持者だったという事実にもよるのですか。(三) あるコメンテーターによれば、イスラエルは、海上で船に乗り込む代わりに、船を着岸させて人々を逮捕することもできたはずだといいます。イスラエルは、イスラエルを軽視するなというメッセージを送るために敵意に満ちた行為を選んだのですか。(2010.3)

答 (一) はい。イスラエル政府が(アメリカのペンタゴンと連携して)中東の緊張を維持し、世界全体の緊張とストレスを高めるための決定をした背後には、それがあります。(二) はい。(三) はい。

質問 イスラエルの軍事力はアメリカの融資と供給に依存しています。アメリカと世界の経済崩壊は、イスラエルとパレスチナの間の紛争に肯定的な影響を与えるでしょうか。(2009.1)

答 オバマ氏はすでにアメリカがイスラエルの味方である旨の発言をしていますが、経済的圧迫のためにアメリカの財政支援はいくらか減ることになるかもしれません。いずれにせよ、この二つのグループを和解させるにはマイトレーヤが必要だと思います。

質問　短期的にはマイトレーヤは疑いなくイスラエルとパレスチナの間の平和のための領土協定を示唆なさるでしょう。しかし、長期的には、イスラエルという国家は公的に存在することをやめ、再びパレスチナの一部として区分がなくなるのでしょうか。(2010.11)

答　いいえ、イスラエルが存在しなくなるとは思いません。そうなるにはあまりに時間が経ち過ぎています。しかし二つの国家は隣国として、地域の資源を共に分ち合いながら共存するでしょう。

質問　二〇一一年七月の終わりに、十万人を超えるイスラエル人が路上に出てイスラエルの社会的不正義と生活費に反対しました。これが「イスラエルの春」の始まりで、イスラエルとやがてはパレスチナにおけるより公正な社会に結び付くものかどうか、あなたの師はコメントしていただけますか。(2011.9)

答　それは正しい方向へのスタートです。

質問　新しい世界秩序におけるイスラエルの役割は何ですか。(2010.11)

答　新しい世界秩序におけるイスラエルの役割は、パレスチナでの行為に対する許しを請うことです。それからイスラエルとパレスチナという二つのしっかりとした発展力のある国家をつくるために、パレスチナの土地を分けるという現実に取り組むことです。イスラエルの未来は、悔い改めてイスラエル国民の天性の善意を復活させ、パレスチナの土地にイスラエル政府がつくっている邪悪を克服することです。

質問 (一) マイトレーヤは、(テレビインタビューで) ガザの封鎖が世界の注目を集めているイスラエルとパレスチナの状況について質問を受けましたか。そうだとすれば、(二) 彼の答えは一般的にどのようなものでしたか。(2010.8)

答 (一) はい。(二) マイトレーヤはパレスチナの悲劇的な現状を嘆き、彼の見解をはっきりと述べました。彼はアメリカに対し、イスラエル政府の残酷な行為を支援するのではなく、この非人道的な封鎖を終わらせ、和平交渉を始めるためにイスラエルに対する影響力を用いるべきだと述べられました。

質問 ヨルダン川西岸地区・(東エルサレム) へのユダヤ人による違法な入植は、公正な和平協定を可能にするために立ち退かせるべきですか。(2011.8)

答　はい。

質問　幾つかのパレスチナを支援するグループや組織は、一つの国で同じ民主的権利を持つユダヤ人とパレスチナ人の市民による一つの国家による解決を求めるパレスチナの願いを支持しています。ハイアラキーはこのような解決策をどう考えますか。(2011.8)

答　素晴らしい解決策ですが、それはおそらく達成不可能でしょう。したがって、ハイアラキーは二国間解決に賛成しています。

質問　『シェア・インターナショナル』誌は、中東問題、パレスチナ・イスラエル問題のような地域の問題に多くの関心を寄せているようですが、なぜこれらの記事に多くの頁を割くのですか。(2006.1)

答　なぜなら、そこで起こっている紛争を解決することが世界平和に不可欠だからです。

質問　オレンジ革命〔註〕の間の期待に満ちた出来事の後で、昨年はウクライナ大統領ビクトール・ユーシェンコ氏に失望する人々もいました。ウクライナの展望について何かコ

メントをお願いします。（2006.1）

答　理想主義的な人々のグループを導き、鼓舞することと、これらの人々の希望や理想を実際に実施することの間には大きな違いがあります。役職に就いて、ユーシェンコ氏は多くの人々の希望を実現するのが非常に困難であることに気づいています。人々は一人の、あまり実務的でない人物に頼るのではなく、実務的な理想主義者たちの「チーム」を選び、すべての人々の善のために共に働く必要があります。

〔註〕二〇〇四年十一月にウクライナの大統領選挙でロシア寄りのヤヌコービッチ氏が当選したが、その直後から選挙に不正があったとして野党のユーシェンコ陣営が大規模な抗議活動を行った。ヨーロッパやアメリカの後押しもあり、同年十二月二十八日に再選挙が行われ、ユーシェンコ大統領が誕生した。野党陣営の旗の色がオレンジ色だったことから、オレンジ革命と言われるようになった。

質問　マイトレーヤは、私たちは〝兄弟たちの守護者〟であると言われます。これは国際的な規模でも当てはまりますか。例えば、他の世界はジンバブエのような国がどんどんコントロールを失って混沌の中に落ち込むのを傍観していてよいのでしょうか。ジンバブエの国民に蜂起して腐敗した指導者を倒すことを求める人々もいます。世界はアフリカの

指導者が行動を起こすことを期待しています。その一方で、暴力、貧困、飢餓はエスカレートしています。(2008.7)

答　国連がアフリカの指導者たちに招待され、十分な調査と必要ならば行動を起こすよう求められるべきです。

質問　(アフリカの多くの地域のように) 隣り合う国々はしばしば戦争状態にあり、国内でも民族、部族、人種、宗教の対立があります。その責任者は、以前の植民地の支配者たちで、彼らは分割統治政策のために意図的に国境を設けたのだと言われます。それは、伝統や文化や人種のつながりを意図的に分割させたというよりは、無知と無神経さによるものだったのではないですか。(2007.10)

答　はい、意図的な政策というよりは、無知と無神経さの結果だと思います。

質問　植民地主義がなければどうなっていたかを想像するのは困難です。(一) それは〝大計画の一部〟でしたか。(二) 非常に一般的に言って、植民地主義は有益でしたか、有害でしたか。(2007.10)

答　(一) いいえ。(二) 植民地主義の影響は非常に様々であり、宗主国のアプローチ、慣習、手段によって異なります。非常に一般的に言えば、多くの不幸を引き起こしたにもかかわらず、植民地主義は人類に害よりも益をもたらしました。

質問　開発途上国の汚職のためにしばしば寄付が控えられます。汚職と透明性の度合いを監査するのは結構なことですが、汚職の定義は、汚職が概して個人的なものであり、世界の不公正な経済貿易制度に対する反応でもある途上国に対して歪曲された結果を導きます。先進国における政府、軍、多国籍企業の大規模な政治的汚職は、このような監査では大目に見られがちです。豊かな大国が貧しい国々の汚職に寄与しているというのは正しいですか。その場合、どんなやり方でそうしているのですか。(2007.10)

答　問題はそれではありません。汚職は世界的なものであり、それに関わる資金の大きさのために、貧しい国々よりも先進国ではるかに大規模に行われています。さらに、途上国に存在する汚職は目につきやすいだけでなく、先進国の政府がこれらの〝腐敗した〟政府に援助しないことの安易な言い訳を与えています。

選挙

質問　民主党が議会の多数派に返り咲いた今回のアメリカの選挙は、どの程度公正なものでしたか。（二〇〇六年十一月の選挙）(2006.12)

答　およそ三十五パーセントです。つまり、ほとんど一〇〇パーセント公正に行われていれば、民主党の地滑り的な勝利になったでしょう。

質問　二〇〇四年の大統領選挙の時のように、電子投票機は共和党の有利になるように改竄《かいざん》されていたが、それでも勝てなかったということですか。(2006.12)

答　改竄《かいざん》されていたものもありましたが、前回の選挙に比べれば少数でした。脅しや脅迫は多く見られました。

質問　ジョージ・W・ブッシュ大統領は投票制度の腐敗を知っていますか。(2006.12)

答　いいえ。彼は詳細をスタッフに任せています。

質問　メキシコで選挙に勝ったのは（本当に）誰でしたか。(2006.9)

答　奇妙なことに、アメリカの最近の二つの選挙（二〇〇〇年、二〇〇四年）とは違って、それはほとんど完全に自由で公正な選挙でした。アメリカのこの前の（二〇〇四年）選挙は最も腐敗し、現代国家で行われた最も汚れた選挙だったと思います。

あのような選挙を繰り返さないことを確実にしなければなりません。我慢してはいけません。投票機械は、ケリーの得票の五つごとにそれをブッシュの得票に変えるよう事前にプログラムされていました。あの選挙は完全に虚偽です。実際にオハイオ州を制したのはケリーでしたが、彼は敗北しました。フロリダ州もニューメキシコ州も、勝ったのはケリーでした。腐敗がなければ、結果は完全に違っていたでしょう。ブッシュに反対する票も大量にありましたが、賛成票もまた大量にありました。しかし選挙に勝ったのはケリーでしたが、それは認められませんでした。ちょうどその前の選挙でアル・ゴアが選挙に勝ったのに拒絶されたようにです。ゴア氏かケリー氏が大統領になっていれば、世界は全く異なった場所になっていたでしょう。今頃はマイトレーヤが公に出現していたかもしれません。

質問 今回のアメリカ大統領選挙（二〇〇八年）でも投票の不正操作は行われましたか。（2008.12）

答 はい。しかし、過去二回の選挙よりは少ない程度でした。

質問 そうであれば、不正操作なしの真の結果はどのようなものでしたか。（2008.12）

答 バラク・オバマ氏が約五パーセント上回っていました。

質問 イランにおける最近の選挙について、選挙のプロセスや真偽の疑わしい結果についてどう思われますか。（一）公表された結果はどのくらい正確ですか。（二）長期的に見て、アフマディネジャド氏とムサビ氏のどちらがイランにとって良い大統領でしょうか。（2009.9）

答 （一）イランの選挙は、過去のブッシュ大統領の二回の選挙と同じように、現職にある政党による深刻な〝操作〟のために深く傷つけられたと思います。テヘランの大衆の反応は、十分に理解できるものであり正当なものです。（二）ムサビ氏です。

質問　国際原子力エネルギー機関は、最近、イランが核兵器を開発しようとしていると報告しました。この報告は正確ですか。そうだとすれば、国際社会がこれに対してできることは何ですか。(2011.12)

答　私の情報では、アメリカやイスラエルなどの国によって高まっているこの疑惑は、正確ではありません。私の情報によれば、イランは核プログラムを平和目的のために集中していますが、もし攻撃されたら報復兵器をつくることのできるシステムを開発したいと思っています。彼らは両方のやり方を欲しています。別の言い方をすれば、彼らは殺戮兵器を造ってはいませんが、攻撃に対して報復することのできる力を欲しています。イスラエルが核兵器を持っていることを忘れるべきではありません。

質問　(一)フランス大統領選挙で、サルコジ氏の主導により、フランスでは初めて投票機械が導入されました。選挙では何らかのごまかしが行われましたか。(二)サルコジ氏の選出により、フランスの社会が不安定化することをハイアラキーは予測していますか。(2007.6)

答　(一)はい、しかし最近の他の地域の選挙に比べれば小さな割合でした。(二)特に予測していません。

質問　世界の様々な地域でますます多くの選挙が争われているようです。(一) これは多くの選挙が不正に操作されていることを示していますか。(二) これは既存の政治が民衆の真の必要に応えることに失敗したことを示していますか。(三) 保守反動的なスタイルの政治が全盛期にあるのですか。(2008.2)

答　(一) はい。途上国の不正選挙に強く反対している大国においてもそうです。(二) はい。(三) はい。民衆は何にも増して彼らの必要が満たされることを欲しています。

質問　ケニアの選挙は不正操作されていましたか。(2008.2)

答　はい、ある程度は。

質問　バラク・オバマ氏の選出は、アメリカの魂の様相がより容易に顕現《けんげん》され得ることを意味していますか。(2008.12)

答　そうとは限りません。彼はまだ何もしていません！　そのことは、アメリカの大衆がマイトレーヤの声を聞き、それを評価するときに、より良く示されるでしょう。アフリカ系アメリカ人のコミュニティーはバラク・オバマ氏の勝利によって力づけられ、正当性が立証されたように感じるでしょうが、国民の投票のほぼ半数、四十八パーセントは共和党に投じられています。アメリカの経済的金融的覇権の崩壊が、次の数カ月間非常に影響を与えるでしょう。

質問 多くの、おそらくは過剰な期待が新しいアメリカ大統領に向けられています。世界は楽観的すぎると思われますか。バラク・オバマ氏は現在の大きな世界危機を解決することを期待されています。経済危機、環境問題、失業、産業崩壊、ホームレスの増大、貧困の悪化、中東紛争やテロリズムなど。このような仕事に対処するにはスーパーマンでもなければ無理だと思われます。(2009.1)

答 全くそのとおりです。幸運にも、これらの問題を解決する方法を真に示すことのできるスーパーマンが存在します。彼の名前はマイトレーヤです。残りは、私たちにかかっています。私たちは、マイトレーヤのアイディアの光の下で正しい決断をしなければなりません。オバマ氏は世界の中で〝新しい〟アメリカ——協力的で他者の声に耳を傾ける

――のための決定的な声となることができます。

質問　大統領選挙とバラク・オバマ氏によるアメリカ政治の新しい時代の展望は、アメリカや世界中の多くの国々の精神を高揚させたようです。あなたは、戦争屋たちではなく穏健で対話を重視する新しい時代が来ると思われますか。(2009.1)

答　はい。彼はおそらく即座にはイラクやアフガニスタンから部隊を撤退させないでしょうが、それが何を意味するにせよ、できるだけ早くそうするでしょう。しかし私たちは、イデオロギー的な扇動から行動するのではなく、経験を重んじて中庸《ちゅうよう》を保ち、健全さを取り戻すべき非常に病んだ国を持つ大統領を相手にすることが期待できます。彼は、マイトレーヤと彼のビジョン、エネルギー、愛を味方につけています。それは彼が従うべき素晴らしい模範です。

質問　日本にはマイトレーヤによって鼓舞されている政治家はいますか。

答　マイトレーヤや彼の優先事項についての話を聞き、この情報を高く評価している人々はいますが、彼らは無力感に陥《おちい》っていて行動していません。マイトレーヤではなく、東京の覚者によって、いわば直接的に鼓舞されている人も数名います。東京の覚者は、彼の弟子たちを通して働いています。すべての国で、自国のみでなく、より広い世界に対して反応できる人々が集められています。これらの人々が、やがてあらゆる国で民主的選挙によって形成される新しい政府の枠組みを提供するでしょう。誠実さと利他主義が新しい政府の特質となるでしょう。(2010.9)

質問　世界にはマイトレーヤによって鼓舞された政治家はいますか。(2010.9)

答　古いタイプの政治家には、マイトレーヤについて知っているか、気にかけている政治家はほとんどいません。しかし、特に覚者方が住んでおられるセンター〔註〕には、共に集められた選ばれた人々のグループがその数を増やしています。彼らは計画を知り、人類の必要を知り、彼らの明らかな利己心（エゴ）の欠如と明らかな誠実さによって、影響力と権力を持つ地位に置かれるでしょう。

これらの質問は、しばしば個人に関するものです。しかしながら、アクエリアスのエネルギーは、グループを通してのみ働きます。啓発された強力な人物が出現してグループを形成するという考えは変わりつつあります。グループが、個人の集まりとしてではなくグループとして働くとき、アクエリアスのエネルギーに接触しそれを利用することができます。

〔註〕東京、ニューヨーク、ロンドン、ジュネーブ、ダージリン、モスクワ、ローマ

質問　政治家が高まる世界の危機に対して何をすべきか分からず、何も答えを持っていないことが日々明らかになっています。現在、世界にいる政治家や指導者の中に、進むべき方向と問題への対処法に気づいている人はいるのですか。(2011.11)

答　はい、しかし彼らはまだ役職についていません。

アメリカの陰謀

質問　サダム・フセインのふりをしている男は、どうしてこれほど長く嘘をつき続けているのですか。何のために自分に悲痛な思いを味わわせているのですか。(2006.12)

答　これは非道で罪深い真実ですが、死刑の宣告を受けたあの哀れな男は、もはや自分がサダム・フセインではなく、よく似た従兄弟《いとこ》にすぎないことを認識していません。一年間かけてＣＩＡ（中央情報機関）は化学物質や催眠術によって体系的に彼を洗脳し、彼は自分の正体を忘れて、イラク大統領サダム・フセインであると思い込むようになりました。この恐るべきプロセスは、第二次世界大戦の間に、すべての大国の諜報機関、特にＣＩＡやＦＢＩ、ロシアのＫＧＢ、ドイツのゲシュタポによって完璧にされたのです。このような手法は、世界の諜報機関で長年用いられており、特にスパイを洗脳し利用するために使われています。サダム・フセインの身代わりが逮捕後これほど長く公の場に現れなかったのは、このプロセスを実行するためでした。

質問　世界は「間違った」サダム・フセインが処刑されたことについての真実を知るようになることがあるでしょうか。(2007.1)

答　はい、そうなると信じます。マイトレーヤ御自身が、その話題を取り上げると思いますし、そうでなければ、誰かがそれに関連する質問を彼に尋ねるでしょう。

質問　サダム・フセインの遺体はどこにあるのですか。(2007.1)

答　イラク北部のティクリットに埋葬されました。そこはサダム・フセインの部族の故郷です。

質問　彼の従弟とＤＮＡはどのくらい共通していますか。(2007.1)

答　もちろん幅はありますが、およそ七十五パーセントです。アメリカ政府が身代わりのサダム・フセインと比較したＤＮＡは、サダム・フセインの息子のものだけでした。ですからサダム・フセインのアイデンティティー（身元）の証明として主張されたＤＮＡの証拠は偽りです。

質問　二〇一〇年三月二十六日、韓国の哨戒艦が南北朝鮮の領海線付近で沈没しました。沈没の原因を調査していた韓国の調査団は、北朝鮮の潜水艦から発射された魚雷に責任があると結論づけました。アメリカや他の政府は北朝鮮を非難しましたが、北朝鮮は、その証拠はねつ造であると主張し、関与を強く否定しています。北朝鮮の潜水艦は本当に魚雷を発射したのですか。(2010.6)

答　私の情報によれば、北朝鮮は韓国船の沈没に全く関係していません。私の情報では、真犯人はアメリカのCIAであり、北朝鮮にさらなる圧力をかけるために行いました。

質問　最近私はテレビで、G20の会合でアメリカの大統領と韓国の大統領が互いに微笑んで抱擁しているのを見ました。私は韓国の大統領は自国の軍艦がアメリカCIAによって沈められたことを知っているのか疑問に思いました（『シェア・インターナショナル』誌二〇一〇年六月号参照）。韓国とアメリカは同盟国です。韓国の大統領が、CIAが何をしたかを知っていたら、アメリカ大統領を歓迎することはできないと思います。

（一）韓国大統領はCIAの犯罪を知っていますか。（二）アメリカ大統領は真犯人がCIAであることを知っていて、トラブルを避けるために黙っていたのですか。（三）アメリカ大統領がＣＩＡに韓国船を撃沈させたのですか。(四) ＣＩＡが独自に行動したのですか。(五) そうだとすれば、それはＣＩＡが政府のコントロール下にないことを示しています。それは世界への脅威ではないですか。(六) 真犯人を知っている国は他にありますか。(七) アメリカ大統領が真犯人を知っているならば、殺人について誠実に謝罪し、韓国と北朝鮮に対する虚偽の告発について謝るべきではないですか。(2011.1)

答 (一) いいえ。(二) いいえ。(三) いいえ。(四) はい。(五) はい。(六) おそらくありません。(七) はい、しかし彼は知らないのです。

質問 オサマ・ビン・ラディンが、パキスタンに駐留するアメリカの特殊攻撃部隊によって殺害されたと発表されました。彼は(武装していないまま) 目を撃たれ、殺され、その肉体は海に葬られたと言われています。ですから、もう本物かどうか検証することはできません。これは本当にビン・ラディンの最期だったのでしょうか。(2011.6)

答 私はオサマ・ビン・ラディンがもう生きていないと信じますが、アメリカ政府によるこの報告は、私の得ている情報とは違います。それによれば、オサマ・ビン・ラディンは、長い闘病生活の後、二〇〇六年に安らかに息を引き取ったとのことです。彼は亡くなる前、「正義」（と彼が理解していたもの）への呼びかけを維持することを望み、彼の多くの同胞に、彼が存在するという神話を維持するよう求めました。

質問 二〇〇七年にベナジール・ブット（元パキスタン首相）は、オサマ・ビン・ラディンは死んだとインタビューで語りました。（一）彼女は正しかったのですか。（二）彼はどのように死んだのですか。（三）彼の遺体は埋葬されましたか。（四）この話が正しければ、彼の死はなぜ秘密にされたのですか。（五）これらが事実だとすれば、アメリカ人はどれくらいの間、オサマ・ビン・ラディンの死去について知っていたのですか。(2011.6)

答 （一）はい、正しかったのです。（二）癌と腎臓病との長い闘病生活の後に亡くなりました。（三）埋葬されたのではなく、火葬されました。（四）若者たちのための呼びかけとして神話を維持したいと思ったからです。（五）おそらく彼がまだ生きていると信じていたのでしょう。

質問 なぜオサマ・ビン・ラディンは撃たれたのですか。なぜ拘束して裁判にかけなかったのですか。(2011.6)

答　アメリカ人に尋ねなさい。

質問　なぜ彼の遺体は「海に葬られた」のですか。(2011.6)

答　アメリカ人に尋ねなさい。

質問　オサマ・ビン・ラディン死亡の報告には何か非常に怪しげなところがあります。これは、サダム・フセインが「発見」されたことや、彼の「裁判」にまつわる「事実」についての説明に感じたことを思い出させます。コメントをお願いします。(2011.6)

答　全くそうです。

質問　オサマ・ビン・ラディンが撃たれた屋敷を示した報道の一つは、腎臓透析器が見られなかったと述べていました。しかし、ビン・ラディンが深刻な腎臓病を抱えていたことはよく知られています。透析器が存在しないことは、オサマ・ビン・ラディンがその屋敷に住んでいなかった可能性を示すものではありませんか。(2011.6)

答　私の情報では、彼はその屋敷に住んだことはありません。

国際連合

質問 いわゆる「世界政府」は存在するようになるでしょうか。(2010.11)

答 いいえ。ハイアラキーの計画には、一つの世界政府を形成するということは含まれていません。むしろ、国連はあらゆる国際問題を提示し話し合うための協議の場と見なされています。それぞれの国が固有の運命と独自の光線(エネルギー)構造を持ち、それが各国の運命と独自性の特質を与えています。「多様性の中の一体性」という言葉がハイアラキーのビジョンに近いと言えるでしょう。

質問 世界の政治における国連の将来の役割を支持するあなたの立場と自由意志の概念の明らかな矛盾についてコメントいただけますか。(2010.11)

答 何も矛盾はありません。国連は世界政府ではなく、あらゆる異なった、おそらくは矛盾したアイディアの交換のための議論の場であり、それらのアイディアを自由に交換するためには不可欠な場です。それはより良い、より秩序ある、平和で人道的な世界のための人類の希望です。

質問　あなたは、マイトレーヤの出現後でないと解決できない問題があると言われました。国連の改革もそうですか。(2007.3)

答　国連は、拒否権を廃止するという途方もない改革への雰囲気がまだありません。現在のアメリカが拒否権を放棄することは考えられず、英国、フランス、ロシア、中国もそうだと思います。彼らはみな拒否権と、それが彼らに与える権力を愛しています。ですから、国連の再建に関する限り、そうしたことは、マイトレーヤが確実に真に認知され、彼の見解が知られるようになるまでは起こらないと思います。安全保障理事会からの圧力と拒否権が続く限り、そして総会の民主的な声が無視され続ける限り、国連が真に民主的な存在となることはありません。マイトレーヤが受け入れられ、彼の想念、アイディア、優先事項が人類を導くようになるまで、それは起こらないでしょう。それを行うにはマイトレーヤが必要だと思います。

三　分かち合い

分かち合いの論拠

覚者による記事

人類が大いなる決断をしなければならない時が間もなくやって来るだろう。至るところが分離分裂に悩まされている今日、人類を取り巻く多くの問題に対して新しい対処の仕方が見いだされなければならない。そのような新しい対処なしには、不気味な未来が人類を待つことは疑いない。歴史上、現在のような状況や条件が地球上に存在した時はかつてなかった。地球上にこれほど多くの魂が共存したことはなかった。グループ間の不和・分裂がこれほど痛ましいものであったことはなかった。今、人間が握っている大きな破壊の力を、人間はかつて支配したことはなかった。これは、地上のすべての王国の生命を破壊する力を人間に与える、そのような破壊の恐れがあるとき、人はよく吟味し、新しい進み方を案出しなければならない。

可能な限りのあらゆる方法の中で、いまだ試みられていないことが一つだけ残っている。人間の歴史を通じて、一つの単純な答えが人間の把握をすり抜けてきた。分かち合いの原則が、人間の必要に応え、多くの問題を解決する唯一のものである。なぜなら、それは神御自身の計画にとって根本的なことであるから。分かち合わなければ、人間は己《おのれ》の神性を否定し、未来のすべての災いを自分たちのために蓄積することになる。分かち合わなければ、邪悪な無秩序が君臨し、人間の生得の権利である神の正義は人間から差し控えられるであろう。分かち合いのみが、同胞愛という神の計画を確立し、分離という罪悪を世界から取り除く機会を提供する。

分かち合いを欠いて、人間はいかにして存続し得るだろうか？　分かち合いなしに、いかに生き延びることを望み得ようか？　国家間の現在の不均衡はあまりにも大きく、運だけでは生き延びるのに十分でない。致命的な病い――分離と食欲――は地上に蔓延《まんえん》し、治療の効果を上げるには徹底的な手段を要する。

外的な混乱にもかかわらず、単純な治療法が手近にある。長いこと引き延ばされた人類のテストはほとんど終わりにきている。人間をいまだ奴隷の身分に縛りつけている勢力(フォース)に向かって勢揃いした光のハイアラキーが、彼らの歩んできた道をもう一度引き返し、真理の旗印の下に共に立つ。

マイトレーヤの使命は、分かち合うことを人間に訴えることで始まる。人間の心を知るマイトレーヤは、人間の選択を、そして彼らが必要な変化を起こす用意があることを、確信しておられる。「人間は生きるか、死ぬか」とマイトレーヤは言われた――人間が分かち合うことを選び、そして生き、彼と共により良い未来を創造するだろうと、十分に承知しながら、言われたのである。

現在まで、人間が問題解決のために行ってきた努力はすべて、現存の機構を維持することに向けられてきた――それらがいかに不公平なものであるかが証明されているにもかかわらず。至るところにある不和・分裂が解決を叫び求め、正義の法が適応されるのを待つ。彼らのリーダーたちが言い争うのを聞きながら、恐怖が多くの者の心を捉える。リーダーたちを後方に置き去りにする時がやって来つつある。人間は自由への呼びかけに目覚めつつあり、世界を正すために真のリーダーシップのみを必要とする。マイトレーヤは道を示し、人間を同胞愛と正義に導くためにやって来られた。彼の賢明な指揮の下に、新しい時代が始まり、人間の真《まこと》の神性が顕示されるだろう。分かち合いと協力の手段が確立され、かくして神の計画は成就されるだろう。

（『シェア・インターナショナル』一九八七年三月号掲載、『覚者は語る』一七五頁）

分かち合い──平和への唯一の道

質問 世界的な分かち合いに向けて、国々が取るべき実際的なステップについて示していただけますか。(2008.4)

答 世界にはすでに覚者方の一団がおられます。十四名の覚者方とマイトレーヤです。彼らには弟子たちがいます。これらの弟子たちが、代替的な、内的に関連した一連の計画を作成し、実行されれば今日の経済問題の核心にある再分配の問題を解決することのできる青写真を完成しました。資源は存在します。私たちには必要以上の食糧が存在し、その多くは先進国の倉庫で腐っている一方で、他の地域では数百万の人々が餓死しています。この内的に関連した計画は、再分配の非常に単純な方法を示しています。

様々な計画がありますが、これが最も単純で最良のものです。人類はこれを採用するかもしれないし、しないかもしれませんが、幾つかのバリエーションは受け入れられるでしょう。まず、それぞれの国は、彼らの生産物、収穫物、輸入物について知らせることを要請されます。このようにして地球の全食糧が知られます。それぞれの国は、余剰分を中央備蓄に寄贈することを求められます。

豊かで強力な国々は、多くの余剰を持つので、明らかにより多くを与えるでしょう。貧しい国々は少ないものしか持たないので、当然提供できるものは少ないでしょう。しかし、すべての国が必要を上回る余剰分を提供します。すべての国家から生み出されたその中央備蓄から、すべての国の必要が満たされるでしょう。これはこの惑星の必要を考慮に入れて行われます。

私たちはこの惑星を破壊し、荒廃させています。地球は虐待され、いまや病んでいます。この再分配の計画は、例えば、ますます多くの森林が破壊されている世界で私たちがしなければならないことを考慮に入れるでしょう。多くの植林が必要であり、一定量を超えて木を使うことは許されません。私たちは酸素を植物王国から得ています。同時に植物王国は二酸化炭素の素晴らしい吸収者です。私たちが木を伐採すればするほど、酸素は少なくなり、二酸化炭素排出量は増えます。地球温暖化――これは完全な現実です――の八十パーセントは人類自身の誤った行動によって生じています。

そしてアメリカの大統領（ジョージ・W・ブッシュ氏）のような無知な人間が、地球温暖化は存在しないと宣言するのです。世界の汚染の二十五パーセントを生み出している国がです！　一つの国が世界の汚染の四分の一を生み出していて、その影響を否定するのです。

質問　分かち合いは素晴らしい目標であり、世界に必要なことですが、人々が最もやりたがらないことだと思います。周囲を見れば分かります。他の点では〝善良な〟人々も分かち合うことには消極的です。利己主義は世界的な現象だと思います。この考え方を変えるには何が必要か分かりません。喜んで分かち合うことは無理に分かち合うこととは全く違います。マイトレーヤはこの六十億の人々の考え方を変えるために、何か奥の手を用意しているのでしょうか。大宣言の日の体験だけでは十分ではないと思います。多くの人々はそれを欺瞞《ぎまん》や幻惑《げんわく》として退けるでしょうから。(2008.5)

答　これは私の情報に対する非常に一般的な反応であり、マイトレーヤや覚者方の存在と、分かち合いが正義と平和への唯一の道であることとの必要性を受け入れるのに困難を感じない人々にとってもそうです。しかしながら、これは全く間違いであると思います。私たちが深い物質主義に落ち込んでしまったことは事実であり、それは商業主義が生活のあらゆる分野を締め付けていることに表れています。商業主義は、原子爆弾よりも人類にとって危険であるとマイトレーヤは警告されます。

問題の一つは、平均的な人々が、分かち合いがどのように行われるか、その仕組みについて想像するのが困難なことです。人々は、純粋に個人的な観点から分かち合いについて考えがちです。自分の収入を海外の見知らぬ人々と分かち合うことを強いられると考えます。しかし、分かち合いの原則は、人類がその必要性を知った時に、世界的に組織的に行われるものであり、それぞれの国がその必要の余剰分のみを中央の備蓄に与えるというものです。その共通の備蓄からすべての人々の必要が満たされます。

これは、人類が分かち合いの原則を受け入れるまでは起こらないでしょう。覚者方は、私たちの自由意志を決して侵しません。実際には、商業世界ではなく現実の世界では、私たちは分かち合う以外の選択肢を持ちません。他のあらゆる方法は試され、失敗しました。その結果、現在の世界の経済構造（それはナイフの刃の上でよろめいています）の悲しい状態が生まれ、この惑星の生態系に危険な不均衡をもたらしています。分かち合いのみが、人類の直面する多くの危険な問題に真剣に取り組むために必要な国家間の信頼を築くことができます。マイトレーヤは、私たちが世界を救うために正しい唯一のことを行うよう説得するためにどんな〝奥の手〟を用意しているか？　彼の愛のエネルギーがハートに届き、人間の中の最良のものを引き出すでしょう。誰もマイトレーヤの力を知りません。

質問 商業主義が勝利を得つつあるように思えます。クリスマス商戦や新年の花火大会や商品に使われる支出を見れば明らかです。いわゆる大衆文化は商業主義の器のように見えます。コメントをお願いします。(2007.1)

答 商業主義は勝利を得つつあるのではありません。しかしながら、生活のあらゆる分野でその影響力の頂点に達しつつあります。市場のフォース(マイトレーヤが〝悪の勢力〟と呼ばれるもの)のせいで、商業主義はすべての人々の生活の中に入り込み、クリスマスもこの潮流の例外ではありません。それは、人類が目覚めて、商業的価値がいかにあらゆる人間の行動と尊厳を搾取《さくしゅ》しているかを認識するまで続くでしょう。

分かち合いが、この〝永遠の真理〟からの離反に対する唯一の答えであることに私たちは徐々に気づくでしょう。マイトレーヤは、商業至上主義は原子爆弾よりも危険であると言われます。

質問 マイトレーヤの優先事項の重要性については分かっているのですが、新しい事業

の中でそれをどのように適用すればよいでしょうか。(2007.6)

答 その本質は何かを考えることです。マイトレーヤの優先事項の本質は、分かち合いの原則です。

あなたが社長になって事業を始め、二十名ほどの従業員を雇い、できるだけ少ない賃金で、できるだけ長く働かせることもできます。それが今のやり方です。これは市場のフォースの影響です。それは生命力を枯渇させます。市場のフォースは人々をロボットに変え、権力者の周りを回る駒にしてしまいます。これが全世界で起こっています。人々はそれを知っていますが、あまりに急速に巧みに起こるので、それを実際に理解することができません。なぜ十年前より時給が減り、勤務時間が増えているのか？　国は豊かになっているのに、自分の生活水準はなぜ下がっているのか？

ではどうすればいいのでしょうか。例えば、協力的なやり方で新しい事業を始めることができます。二十名の人を雇い、あなたを含めて二十一人で利益を分け合うのです。他人よりも多く得る人はいません。誰もが他のみんなと同じように一生懸命働きます。勤務時間はできるだけ短くし、賃金は最大限になるよう努めます。それが新しい時代の方式です。このようにして働き始めるとき、あなたは統合ということの意味が分かるでしょう。そのようにしてグループをつくるのです。アクエリアスのエネルギーは統合的なやり方でのみ働きます。グループを通してです。それは個人的に適用されるのではありません。

お金を稼ぎ、金持ちになるというアイディア全体を変容しなければなりません。アクエリアスのやり方で行うならば、狂信的に極端に金持ちになることはありませんが、みんなが豊かになるでしょう。

マイトレーヤは、国の経済は荷馬車のようであり、二つの車輪が必要だと言われます。資本主義と社会主義の二つの車輪が必要です。この二つを組み合わせる必要があります。覚者方の観点からは、最良の組み合わせは七十パーセントの社会主義と三十パーセントの資本主義です。それがすべての国民の福利にとって最良の方法です。

質問 (一) 米国議会は金融救済措置法案を通過させましたが、アメリカと世界はシェア・インターナショナル誌が予測した世界的株式市場の崩壊にどれほど近づいていますか。(二) 私たちは予測された完全な経済崩壊、世界的不況に向かっているのですか。それとも (三) 今直面している経済問題は限定的な範囲のものですか。(2008.11)

答 (一) 今起こっているのがその崩壊です。これ以上近づくことはできません。(二)

おそらく完全な崩壊ではないでしょうが、非常に影響は大きいです。㈢いいえ。経済制度全体と考え方が変容しなければなりません。それを起こすには分かち合いの原則を採用することが必要でしょう。

質問　分かち合いというマイトレーヤのメッセージは、アメリカや他の先進国の多くの国民の経済状況がますます不安定になっていることを考えれば、受け入れることがより困難になるのではないでしょうか。(2008.11)

答　その反対に、貪《どん》欲で利己的な古いやり方は合理的には機能しないことが、それらの国々に明らかになるでしょう。結局は、分かち合いのみが、私たち皆が欲する安定、正義、平和をもたらすでしょう。

質問　国際通貨基金（ＩＭＦ）は、経済崩壊によってますます多くの経済界が苦しみ始めるにつれて新たな重要性を得ているように思われます。ＩＭＦはどうなるべきでしょうか。伝統的な資本主義を維持するのに役立っていた他の組織と共に、ＩＭＦも消滅する運命にあるのですか。(2008.12)

答　ＩＭＦは非常に嫌われており信用がありません。特に、絶望的になってＩＭＦを頼りにせざるを得ない途上国ではそうです。彼らはどうしても必要な資金を与えられますが、そのために自由意志と自らの伝統に従って開発する権利を犠牲にさせられます。一例として、巨大な規模で海外の市場のために換金作物を育て、海外から国民の食物を買うことを強いられます。がんじがらめにされるのです。

それは現に経済危機に瀕している国々にとっては一時的に有益ですが、やがて、分かち合いの原則が支配するとき、ＩＭＦは解散し閉鎖されるでしょう。それは純粋に政治的な目的のためにあからさまに道具にされてきました。

質問　多くの国が経済崩壊の影響で苦しみ始めています。崩壊する産業や金融分野を救うために巨額の資金が約束されていますが、最も苦しむのは弱い立場の人々であることは確かです。すでに貧困に陥り、債務を負い、ホームレスや失業に苦しむ人々に対して覚者方ができることは何ですか。(2009.1)

答　私たちの問題を解決するのは、覚者方の役割ではありません。混乱に責任があるのは、私たちです。直接介入することは、私たちの自由意志の侵害になるでしょう。景気のいい時期には、ほとんどの人々は貧困やホームレスに関心を払ってきませんでした。覚者方は世界から貧困と戦争を一気に取り除くための教えを与えられます。

質問　多くの人々が現在の自国の経済状況に敏感になっていますが、これは〝健全な調整期〟であり、景気はまた上向きになることを約束する経済専門家もいます。人々はどうすればいいか分かりません。貯金、消費、投資、通常どおりのやり方のいずれがいいのか、コメントをお願いできますか。(2009.1)

答　覚者がはっきり言われるように、現在私たちが経験しているのは一時的な〝景気の下降〟でも〝健全な調整期〟でもなく、古い不公正な秩序の崩壊です。それは私たちの貪欲と利己主義の論理的な結果であり、必要で必然的なものです。私の助言は（それにどんな価値があるのか分かりませんが）、節約をしてもっと、簡素に生きることを学ぶことです。他の人々が生きるためには私たちはみんなそうしなければなりません。

質問　もし私たちの貯金や年金が霧消してしまい、現在の経済危機のために誰も物を買えなくなってしまったら、世界はどうやって動いて行くのでしょうか。(2009.1)

答　あなたが考えているほど極端な成り行きにはなりません。基本的なものは売買され続けるでしょう。マイトレーヤがより良い、公正な生き方を示されるでしょう。今までマイトレーヤがなぜこれほど公に話すのを長いこと待たなければならなかったかが分かるでしょう。途上国を除いて、人類は長年イリュージョンの中で生きていました。完全に腐敗した不公正な経済制度がいつまでも続くと思っていました。人々はアクエリアスのエネルギーの増大する影響を忘れていました。

質問　近頃、国家経済を活性化するための「救済措置」や、雇用創出のためのインフラへの政府支出の増加についてよく耳にします。加えて、国々はすでに国内外に巨額の債務を抱えており、絶え間なく紙幣を印刷し続けています。これらすべては、分かち合いに基づく経済への移行をさらに困難なものにしますか。最初に債務を帳消しにしなければなりませんか。(2009.1)

答　これらの資金投入政策はうまくいかないでしょう。これはルーズベルト式ニューディール政策ではありません。現在の状況は一九三〇年代と似ていますが、時代は非常に異なっています。今は一つの時代（パイシス）の終わりであり、秩序（無秩序）は過ぎ去る嵐ではありません。それは分かち合いが世界経済を再構築するための唯一の道であることを人々に認識させることに役立つでしょう。

質問　なぜマイトレーヤは本名で（テレビのインタビューに）現れないのですか。そのほうがいいと思うのですが。(2010.7)

答　申し訳ありませんが、マイトレーヤはあなたに同意されません。世界を変えたいと思っている人々は多いですが、彼らは受け身です。彼らはそれが魔法のように起こることを望んでいます。マイトレーヤを巨大なアバターだと考え、したがって世界を変えるのは彼の仕事だと思っています。そうではありません。マイトレーヤはかなり以前にこう言われました。「新しい文明のすべての石、すべての煉瓦は人類自身の手によって置かれなければならない」。さらに、彼はこう言われました。「わたしは計画の設計者にすぎない。わが兄弟たちよ、あなた方が輝ける真理の宮殿を喜んで築く者たちである」

マイトレーヤは、人々が彼のアイディアに反応するとき、彼らがマイトレーヤの提唱する世界の変化を欲していることを知らなければなりません。それは彼の地位や、彼が世界教師だからという理由によるのではありません。もし世界教師が、分ち合う必要があると言うならば、私たちが自分で問題解決の解答が分ち合いであることを認識するよりも、ただ教師を信じる方が簡単でしょう。

分ち合いが正義、そして平和への唯一の道であると知るとき、私たちは認識において内的な霊的ステップを踏むことになります。しかし、マイトレーヤを認知したからそれを受け入れるというだけでは、必要を認識したことにはなりません。マイトレーヤは、十分な数の人々が自分自身の霊的認識から反応することを知らなければなりません。

なぜ多くの人々は今分かち合わないのでしょうか。分かち合いが兄弟家族の間で自然なものであることを、なぜ人々は内面で気づかないのでしょうか。家庭では、母、父、子供はすべてを分かち合います。同じように、私たちは地球と呼ばれる家族の一員であり、兄弟姉妹なのです。地球上のすべてのものはすべての人に属しており、分かち合われるべきです。すべての人々の必要が満たされる必要があります。しかし、それは起こっていません。なぜでしょうか。なぜならそのような霊的認識を人は持たないからです。

私たちは自由意志を持っており、分かち合うかどうかを選ぶことができます。もし私たちがマイトレーヤの助言に従うことを決意すれば（それが彼の助言であることを知っていようがいまいが）、私たちは世界を救うでしょう。しかし、もし私たちが分かち合いを欲しないならば、十分な数の人間が、変化と分かち合いと正義を望まなければ、人類は自滅するでしょう。それは単純なことです。

マイトレーヤは、彼の提言を受け入れる用意のある十八億人の「クリティカル・マス（限界数）」が存在することを知っています。もしこれらの十八億の人間が自分の立場を表明し、政府に対してやり方を変え、世界資源を分かち合うよう求めるならば、それは起こるでしょう。

質問　マイトレーヤは、英国は文明の術のモデルを発達させるだろうと言われます。マイトレーヤは何について述べておられるのですか。(2011.5)

答　経済的正義と政治的自由と秩序に基づく文明です。

質問　ヨーロッパ連合（ＥＵ）へのアイルランドの反対票のためにＥＵの存続が疑問視されています。ＥＵは最初から失敗する運命だったのでしょうか。それとも、英国連合モデルの線に沿った、もっと肯定的なものに変容し得るでしょうか。ハイアラキーはＥＵをどう見ていますか。(2008.7)

答　ＥＵは経済的な共通の市場として創設されました。ヨーロッパの各国が、政治的に統一されたヨーロッパ国家の中で失われることはハイアラキーの計画の一部ではありません。それが起こることが許されるべきではありません。そのような国家のアイディアは、今日商業主義のフォースによって駆り立てられており、拒絶されるべきです。

質問　多くの国々で、ポピュリスト的で人種差別的な政策を掲げる政党が支持を伸ばしています。多くの人々は移民が西側国家の直面する最大の問題であると見なしており、この数十年の間に開放された国境を再び閉ざすべきだと考えています。さらに、ますます多くの人々が第三世界に対して不寛容になっており、自国の問題の解決を優先すべきだと考えています。私たちは、このようなポピュリストで人種差別的な政党にどう対処すべきでしょうか。誠実な政治家（彼らは確かに存在します）は、複雑な問題に安易な解決を掲げるポピュリストの提案に対抗する手段を持たないために全く絶望しています。(2011.8)

答　この最も厄介な問題に「解答」を与えるにはマイトレーヤ御自身が必要でしょう。根本的な問題は分かち合いを通してのみ解決できます。

質問　人類が、短期間のうちに、世界的で普遍的な平和を確立すると信じることができるでしょうか。武器製造をやめることなどを、今日望むことができるのでしょうか。(2009.3)

答　それに直面したときには、人類によって大きな決断が必要とされるでしょうし、世界には変化に抵抗する反動的な勢力が多く存在します。戦争と武器製造は、変化に最後まで抵抗する人々にとっては非常に魅惑的なビジネスです。現在の世界経済の崩壊（〝下降〟とか〝不況〟と呼ばれていますが）は、実際には古い秩序の終わりの兆候であり、すでに老いも若きも多くの人々の間に態度の変化をもたらしています。これらの同じ人々が、マイトレーヤが簡素化の必要性と正義を通しての平和の達成のために資源の分かち合いの必要性について語るのを聞くとき、彼らはマイトレーヤの呼びかけに喜んで応えるでしょう。彼の教えと提唱は、分かち合い、正義、そして平和への欲求という巨大な反応を鼓舞するでしょう。それは私たちにかかっています。私たちは、過去を放棄し、一つの人類のために働くのに十分なだけ平和を欲しなければなりません。私は人類がそうすることを確信しています。

質問　分かち合いについて考え始めている政府はありますか。(2007.3)

答　今日のどの政府も、世界の資源を分かち合う過程には関わっておりません。それは世界を救うことのできる唯一のものですが、真剣なアイディアとして受け取られることは決してありません。他のあらゆる手段が試されましたが失敗に終わり、そしてそれは必然的に苦難へ、そして戦争へとつながりました。

質問　英国政府の過去の破壊的な傾向に反して、債務軽減やアフリカ委員会などの最近の発表はマイトレーヤの優先順位に沿っているように思われます。この国の意識の状態をあなたの師は評価してくださいますか。（ロンドンでの講演より）（2006.7）

答　私の師によれば、英国はより進化した国の一つです。

聴衆　それは皆知っています！（2006.7）

答　真実ではない意味で知られているのかもしれず、真実の意味では知られていないかもしれません。それが重要な点です。しかしながら、違いはほんのわずかです。しかしその古い歴史のゆえに、他の国々よりいくらか発達した国が三つあります。英国、フランス、日本です。

聴衆　ドイツはどうですか。(2006.7)

答　ドイツはとても若い国です。民族は古いですが、統一された国家としては若いです。全く不十分ではありますが、債務を軽減したり、多くのアフリカ人の日常生活の最悪の状況を緩和したりと、西側の国々が少なくともアフリカに目を向け始めたように見えるのは、彼らがマイトレーヤのエネルギーに反応し始めたことの兆しです。これらのエネルギーは少なくとも二十五年間世界に注がれていましたが、それを吸収し、それに沿って行動するには時間がかかります。ついに、人類は十分にそれを吸収し、古いパターンが十分に分解され、新たな見方と行動が前面に出てくるようになりました。それは主に英国の蔵相ゴードン・ブラウン氏によって行われています。

質問　アクエリアスの新しいエネルギーに最も前向きに反応しているのはどの国でしょうか。(2006.11)

答　英国、フランス、オランダ、スウェーデン、ノルウェー、フィンランド、ニュージーランド、ブラジル、スペイン、メキシコです。

質問　私たちはハイパー資本主義の終焉《しゅうえん》に直面しているのですか。(2008.11)

答　はい。覚者方によれば、成功した安定的で公正な政府にとっての最良の割合は、七十パーセントの社会主義と三十パーセントの資本主義です。現在では、アメリカでは九十五パーセントが資本主義で、五パーセントが社会主義です。英国は八十五パーセントの資本主義と十五パーセントの社会主義です。フランスとドイツも同じです。スカンジナビア諸国は四十パーセントの資本主義と六十パーセントの社会主義です。この理由のために、スカンジナビア諸国は、アイスランドを除いて、最も安定し公正です。

質問　私たちはどうやって資本主義を取り除くことができるでしょうか。(2010.7)

答　資本主義を取り除くのではありません。社会の中にそのための場所を与えるでしょう。白か黒かという極端な考え方をすべきではありません。資本主義と社会主義が両立すると考えた人は誰もいませんが、マイトレーヤはこのように言われました。「荷馬車を考えてみると、一方の車輪――資本主義か社会主義――しかなければ、前に進まない」。将来のあらゆる経済制度は社会主義と資本主義のバランスを保つでしょう。今日では、正しいバランスを保っている国は世界にありません。問題は正しいバランスを保つことです。

覚者方の観点からは、三十パーセントの資本主義と七十パーセントの社会主義が最良のバランスです。

最も安定した国はどこでしょうか。スカンジナビア諸国です。彼らのバランスはおよそ六十パーセントの資本主義と四十パーセントの社会主義〔註〕であり、最良のバランスからは程遠いですが、極端な富も貧困もない安定した社会を生んでいます。安定した政府による安定した社会です。

経済の観点から最大の問題は、最も強力な国の一つであるアメリカが、九十五パーセントの資本主義と五パーセントの社会主義であり、ヨーロッパではもう少し少なく、八十から八十五パーセントの資本主義と二十から十五パーセントの社会主義であることです。七十パーセントの社会主義と三十パーセントの資本主義という完全なバランスはすべての人にとってよく機能します。大国がこれからいかにかけ離れているか、したがって世界のバランスがいかに崩れているかが分かります。日本はおよそ八十パーセントの資本主義と二十パーセントの社会主義です。それはどちらか一方という問題ではありません。正しいバランスが大切です。

〔編註〕この割合は前の（二〇〇八年十一月号）質問に対する答えと逆になっている。この二年の間に、スカンジナビア諸国の政治にも変化が起こっており、国家の状況が変わった結果である。これらは非常に流動的であり、固定したものではない。

質問　世界の経済状態はかつてないほど不安定で、持続不可能なものになっているように思われます。現在の危機についてコメントをいただけますか。(2011.9)

答　この世界的な経済危機は不可避のものです。これは、古い経済原理、過去数世紀にわたり支配的だったものが、もはや機能していないことの兆候です。世界は変わり、至るところの人々のハートとマインドは、多かれ少なかれ変わりました。そして世界を構成する諸国家は、安定性にとって不可欠な経済的団結を成し遂げるにはあまりにも異質です。これは、マイトレーヤによってずいぶん以前に予測された、分かち合いと正義のみが未来への正しい道を提供することができるということの確かな徴です。

質問　世界の様々な地域で全体的な経済危機が起こっており、現在の指導者たちは策を持たないようです。一方では紙幣を増刷し、他方では緊縮政策を取っています。銀行や企

業のような経済機関は圧倒的に支配的であり続けています。今取らなければならない手段は何でしょうか。(2011.9)

答　政治経済問題を解決する方法はただ一つ、すべての者に平和と繁栄をもたらすことです。人類の一体性を受け入れ、分かち合いと社会正義を実現することによってのみ、平和のために必要な信頼が生まれます。どんなに金融経済を操作しようとしても、分かち合いと正義を実行しないならば、生存のために必要な平和がもたらされることはないでしょう。

質問　マイトレーヤとあなたの師、そしてあなた自身も、商業主義は破壊的だと考えていると読みました。なぜですか。世界では常に取引が行われています。商業主義の何がそんなに間違っているのですか。(2011.10)

答　取引のような「商業」と商業主義（コマーシャリゼーション）の影響の間には違いがあります。取引は物資を交換する合法的な方法であり、あなたの言われるように、遠い昔から行われてきました。商業主義とは、金儲け（利益追求）が人間活動のあらゆる分野に入り込んでいる状況のことです。保健医療や教育の分野までこのひどい物質主義に支配されています。
今日、商業主義には境界がなく、封じ込めることができません。あらゆるサービスが商品と見なされ、自由に売り買いできるものとされています。この恥ずべき慣行が今日の私たちの問題の中心にあります。

質問　世界の経済体制が崩壊する中で、現在経済的に苦しんでいる国々はどうやって国民に食べさせればよいのでしょうか。すでに何百万もの人が飢えており、豊かな西側でもますます多くの人々が苦境を感じ始めています。(2011.11)

答　世界は、これが不可避であることを知らなければなりません。それは「荒野の体験」です。人々がこれを見て、別の生き方、つまり分かち合いを採用し、正義や平和を求めない限り、何も根本的に変わりません。

質問　現在の経済体制の最終的な崩壊は、緊急援助、債務限度額の引き上げ、公共サービスや福祉制度の切り捨てなどの操作により、ゆっくりとした苦痛を伴うものになるでしょう。市場が最終的にどん底に落ち込み、このゆっくりとした死が世界市場経済の破滅と

いう形で最終的に終わる時が間もなく来るのでしょうか。(2011.11)

答 はい。あなたはこれをゆっくりと言いますが、冷静に見ればそれは著しく急速に起こっています。

質問 世界貿易機関（WTO）、国際通貨基金（IMF）、そして世界銀行と国連安保理などを改革するには株式市場の崩壊が必要でしょうか。(2007.3)

答 それらの改革をもたらすために主要国——G8諸国の政府——の意見を変えさせるためには、既存の株式市場に、必ずしも完全な崩壊に至らずともかなり深刻な障害が、通常のあり方に非常に深刻な動乱が起こらなければ無理だと思います。現在の経済的〝リアリティ〟に大きな障害が起こるまでは、世界銀行やIMFには何も起こらないでしょう。それは私たちが望んでいる障害です。すべては空想であり、私たちは陽の光を欲していま す。経済的圧力が十分に強くなったときにそれは起こるでしょう。

質問 アクエリアスのエネルギーは、戦争の原因であり平和や分かち合いの妨げとなっている通貨、金融経済制度、金融利益などを世界から取り除くのに十分強力になるでしょ

うか。(2010.10)

答　はい。世界を破壊しないためには、それは非常に急速に起こらなければなりません。それは緊急を要します。私たちは平和を創造しなければなりません。小さな戦争が大戦争となり、核戦争となって、全生命を破壊するかもしれません。ですから、私たちには分かち合い以外の選択肢はありません。

質問　一年前、マイトレーヤは進み出て彼の使命を開始されました。それ以来、彼は二十八回テレビに出演されたといわれます(二〇一一年二月現在)。アメリカの状況は一年前よりも悪くなりました。他の世界もそうです。マイトレーヤの使命は失敗しているのですか。なぜ物事は良くならないのですか。彼の存在やメッセージに対して大衆はなぜもっと活気づけられないのですか。(2011.3)

答　経済的には、すべてが悪化していることは確かです。これは、もはや機能しない古いやり方を続けようとすることの避けられない結果です。マイトレーヤは古いやり方をより耐えられるものにするためにやって来られたのではなく、未来への道(唯一の道)を示しに来られたのです。人類は生き延びるためにその手段を手中に持っています。万人のための分かち合い、正義、自由が、すべての問題に対する唯一の解答です。彼のアイディアに対する反応について言えば、エジプトで起きたこと（「アラブの春」）を見てごらんなさい。

質問　マイトレーヤは、例えば分かち合いという行動に私たちを鼓舞するために、私たちに一体感の体験を与えてくださるのでしょうか。そうでなくとも、人類は分かち合うようになるでしょうか。（1996.1）

答　この答えは、イエスでありノーです。マイトレーヤは誰にも分かち合うことを強いることはありませんが、彼は、正義をつくる合理的な経済制度を生み出す唯一の方法として分かち合いの必要性を語るでしょう。現在の経済制度を挫折させているのは、その不正義です。それは終わろうとしています。なぜなら、それを生み出した時代が終わったからです。それは少数の人々にとっては良く、多くの人々にとっては非常に害となる、腐敗し、衰退し、結晶化した形態です。もちろん、それが良いと思われる少数の人々にとっても害になっています。それは世界を毒し、分割し、脅威となっています。そのため、それは消えなければならないのです。これはすべて、マイトレーヤによってはっきりと説明されるでしょう。もしそれが人々に分かち合いのアイディアを鼓舞しないならば、何も鼓舞するものはないでしょう。

マイトレーヤはまた、とてつもない強さで彼のエネルギー、つまりキリスト原理のエネルギーを放つでしょう。マイトレーヤ御自身が「あたかも私が世界を抱き締めているようだろう。人々は肉体においてさえそれを感じるだろう」と言われたように。私たちを通して流れるそのエネルギー、そして経済情勢と惑星生命に対する有害性を分析する彼の言葉、それらが分かち合いを人々の心に鼓舞しないならば、鼓舞し得るものは他に何もないでしょう。もしそれが人類を刺激しないならば、私たちは分かち合うことを学ばず、世界を破壊してしまうでしょう。その選択は私たちの手の内にあります。

この質問者は明らかに人類にあまり信を持っていないようです。「そうでなくとも、人類は分かち合うようになるでしょうか」と言っています。人類は、もし私たちがしなければ起こるであろうことについてのマイトレーヤの分析によって、そしてまたキリスト原理（エネルギー）を体験することによって、分かち合うよう鼓舞されるでしょう。それが、彼が私たちに与える体験です。キリスト原理は一体性の感覚を示現しています。それは、愛の磁力的なエネルギーであり、一体性がその特質であります。愛は何にも増して、包括的なエネルギーです。それはすべての創造の構成単位（ビルディング・ブロック）を合体させ、引き付けるものであり、それらを磁力的に一つに保つ力です。

質問　それは実際にどのようにしてなされるのですか。国ごとにそれは起こるのですか。例えばこの合衆国で、私たちは「優先順位を変える必要がある」と言うようになるのでしょうか。また国連やその他の国際機関などを通して国際的に起きるのですか。(1993.8)

答　両方が組み合わされたものになるでしょう。国際連合が世界の主要な討論の場になるでしょう。世界の諸問題はそこで話し合われ、決議され、新しい制度が実行に移されるでしょう。世界資源の分かち合いのプロセスを監視するための全く新しい特別な機関が、国連に設置されるでしょう。ここで強調したいのは、人類が自由意志を持つということです。何事も人類に強制されることはありませんが、人類が自らの自由意志で分かち合いの原則を受け入れるとき、マイトレーヤと覚者方の一団に尋ねるでしょう――私たちはどのようにすればよいのですか、どうやって分かち合いを始めればよいのですか、と。すでに計画は存在しているのです。長年覚者たちと共に働いてきた高位のイニシエートの一団が、現在、経済問題の核心である再分配の問題を解決するための相互に関連性のある一連の計画をすでに作り上げています。

しかし、その再分配は意識の変革の結果として生じるものです。人類は意識の大変革を経験する時点に近づきつつあり、お互い同士の関係、宇宙や自然との関係、そして私たちが普通「神」と呼んでいるものとの関係を全く新しいやり方で認識し始めています。宇宙のあらゆるものは互いに関連し合っている、とマイトレーヤは言われます。つながっていない部分はありません。だから私たちが自分自身に対してすることは自然に対してもすることであり、自然に対してすることは、神の反映としての私たち自身にしていることなのです。私たちは神と呼ぶ全的意識の一部分、反映なのです。

そして宇宙全体を通して、このプロセスが進行します。私たちすべての思考、すべての行為が原因を作動させ、これらの原因から生まれる結果が私たちの生活を形成するのです。もし地下核実験を行えば、その結果として、必ず地震が起こります。あらゆる物事には原因があります。あらゆる結果は、原因から生じます。

私たちは何千年もかかっても、いまだにこのことを理解できていませんが、マイトレーヤは、すべての生命は原因と結果の法則に従って存在していることを強調されるでしょう。ひたすら間違った状況を生み出しておいて、その結果が起こらないことを期待することはできません。国家の中に不均衡な状況をつくれば、必ず犯罪が起きます。警察力や軍隊を強化するだけではなく、犯罪の原因を取り除かねばなりません。その犯罪の原因とは、不平等、不均衡です。今や進化のあらゆるプロセスは、一体性、融合、統合に向かって進んでいます。それゆえ、分離分割と競争に基づいた市場のフォースのようなものは、進化のプロセスに反します。マイトレーヤがそれを悪の勢力と呼ぶのはそのためです。それの存在余地はありますが、非常に限定されたものです。それを盲目的に追いかければ、必然的に破滅へと導かれます。

四　民衆の声

和合への道

覚者による記事

このユニークな時期についての歴史が書かれるとき、人々は、おそらく初めて、中東における最近の出来事がいかに重要で、中心的なことであったかを認識するだろう。驚くべき六カ月間に、チュニジアとエジプトの民衆の例に続いて、何世紀もの古い部族的な独裁政権の中に抑えつけられ、閉じ込められてきた多くの中東の国々の住民は立ち上がり、自由と民主主義、社会正義と仕事を得る権利を要求した。マスコミが「アラブの春」と呼ぶところのものは、多くの生命を犠牲にし、同胞や子供たちの自由のために喜んで死ぬこれらの勇敢な人々に多くの苦しみを与えた。彼らは殉教者と呼ばれており、確かにそうである。

今後、この同じ現象が世界中に顕現《けんげん》するだろう。すでに、多くの人々は同じように行動すべく結束しつつある。変化のための青写真が何百万の人々の想像力を引き付け、間もなく世界の注目を集めるだろう。結束し、そして勇敢であるとき、彼らは無敵であることを、人々は理解した。この変化への運動を止めることのできるものは何もない。それは未来の、そして大計画の概念を包含《ほうがん》する。マイトレーヤはそれに声を与えたのであり、それが今や世界の民衆の声である。

古い体制は、あらゆる方法でこの変化への動きの進行を止めようとする。しかし、いのちの原理に、あのいのちの特質をより良く表現するために絶えず変化し、絶えずその形態をつくり変えている原理に、いつまでも対抗することはできない。今日がそのようである。かくして、古い体制は萎え、人々が新しい時代の原理——分かち合い、正義、正しい関係、愛、和合——をより良く表現し、顕現しようとするにつれて、新しい若枝が繁茂する。

まさしく人間は途上にある。もし人が和合という意味で（行動を）考えるならば、何ものも彼のさらなる進歩を止めることはできない。すべての人間が和合を求めるのだが、異なった道（通路）によって混乱させられる。自分の前に「和合」と「愛」の原理をいつも掲げなさい。さすれば道はおのずから開ける。

このように、マイトレーヤはカイロのタハリール広場で語られた。彼の教えを聞いた人々の中の最高の者たちが彼らの兄弟姉妹を導き、道を、同胞愛と平和、正義と顕現される愛への単純な道を、彼らに示すだろう。

（『シェア・インターナショナル』二〇一一年七月号に掲載　六月十一日筆記）

若者が舵をとる

覚者による記事

今年、二〇一二年は、非常に重要な年である。アラブの夜明けの勢い、そしてそれが世界中に及ぼした影響を失わせないようにすることは、絶対に大切である。今や力強く、自信に満ちた民衆の声は、世界中に響かせ続けなければならない。それは、信頼を生み、すべてのためのより安全な世界をつくる唯一の方法として、分かち合いと正義を主張する声である。人間の困難に対する治療は非常に簡単であり容易に達成できるのだが、多くの人々にはそれを理解するのが大変に難しい。他のあらゆる方法は試みられてきたが失敗に終わり、必然的に戦争に行きついたことを、人は認識しなければならない。

今日、もう一度大きな戦争が起これば、それは核戦争であり、地球上のすべての生命を完全に破壊することは確実である。また今日、そのような全滅戦争を生き延びる計画をすでに立てている勢力がある――それはすべて全く役に立たないのであるが。では人類に何ができるのか、何をすべきなのか。

大まかに言って、今日の政体は年寄りの組織であり、彼らが若かったときの方法、過去のやり方以外の他の働き方、統治の仕方を知らないのである。彼らの方法がなぜもはやうまくいかないのかについて、何の感覚もない。彼らは、今日世界に充満している新しいエネルギーと刺激について何も知らず、様々の出来事をコントロールすることができないことに困惑し、本性を現わす。

今日、主として、民衆の声は若者の声である。諸々の政府、そして彼らのコントロールの下にあるマスコミは、若い人々の声と志向を大体において無視するか、あるいは蔑《さげす》むかである。しかるに、答えを持つのは若者である。彼らは、人類がひとつであることを理解し、公平さを、正義と分かち合いを、戦争の終止を呼びかける。そのような若い人々の声を決して黙らせることはできないし、長い間無視することもできないだろう。老いも若きも、民衆の声は、マネー（金）の男たちの訴えの声をかき消して、人類を「新しい夜明け」に導くだろう。そのようになるだろう。

（『シェア・インターナショナル』二〇一二年四月号に掲載　三月一日筆記）

民衆の目覚め

質問　民衆はどのようにして、自分たちの声をもっと多様な形で政治に反映させることができるでしょうか。(2007.3)

答　民衆は自分たちの要求を知らせて行動しなければなりません。あなたは行動しなければなりません。「何事もひとりでに起こらないのである。人間は行動し、自分の意志を実行しなければならない」とマイトレーヤは言われています。分かち合いの過程を実施したければ、それを受け入れるよう政府に強いなければなりません。政府は国民に奉仕するためにあるのです。政府は今までのようなやり方を続けようとするでしょう。しかし、もし変化をもたらしたければ、もし国民の声をもっと反映させたければ、それを政府に強いなければなりません。人々はきっと自分たちの声をもっと反映させたいと思っているでしょう。それは、世界で政府を運営している、たいていの場合は少数の人々の手から権力の一部を取り上げることを意味しています。彼らは自発的に権力を放棄しようとはしないでしょう。しかし、民衆がそれを要求するとき、毎日行進が行われ、何万人、何十万人もの人々が様々な町の広場や通りを埋めつくし、動こうとしないとき、民衆はどんな政府にも、自分たちの要求を実行させることができます。私たちはすでにそれを目にしました。

質問　憲法は国民の権利を保障していますか。(2007.3)

答　それは制度によります。イギリスには憲法がありませんが、比較的公正な統治制度はあります。アメリカでは、人々は憲法と国民の権利についてよく話をしますが、実際のところ、憲法で法制化された国民の権利は現政権によって侵害されています。世界のどの専制政治も、憲法にどう書かれていようと同じように行動します。

質問　ビルマ政府に抗議した仏教の僧侶たちは、マイトレーヤに鼓舞されたのですか。(2008.3)

答　いいえ。彼らはマイトレーヤに直接鼓舞されたのではありませんが、マイトレーヤが世界に注いでいるエネルギーに鼓舞されたのです。このエネルギーが至るところにいる人々に、自由、正義、つまり正しい関係への欲求を生み出します。自由と正義がなければ、平和も正しい関係もありません。

これは世界中で見ることができます。至るところで人々は自分たちの権利を主張しています。自由、正義、世界資源の分かち合いです。このすべては、エネルギーと、ある程度は、精妙なレベルからのマイトレーヤの思考とアイディアに対する反応から来ます。

マイトレーヤがテレビとラジオで語るとき、何百万もの人々がこう言うでしょう。「これが私たちの欲することだ。私たちはこれがしたいのだ、正しい関係を欲しているのだ。戦争やテロや飢餓の終わりを求めているのだ」と。

人類は刺激され、これらの物事を要求するよう活気づけられるでしょう。このようにして、教育され、集中された人類の意志が、戦争、テロに反対する世界的世論をつくり出し、正義と分かち合いを求めるでしょう。マイトレーヤはこれを無理強いしませんが、マイトレーヤに刺激された人類が仕事を行うでしょう。

すでに何百万もの人々が世界中でデモを行っています。毎日、毎週ではありませんが、この行動はますます頻繁になり、世界の諸政府は、何万、ときには何百万もの民衆が、彼らの権利を主張し、職や平和や分かち合いや正義を要求するのに直面するようになるでしょう。そしてついに政府は譲歩を強いられるでしょう。

マイトレーヤはこのことを常に刺激しておられます。彼はあらゆる大規模なデモや集会に参加して、しばらくの時間おられます。

質問　デモや抗議運動は、民主主義の仕組みを損なう無政府主義的な活動だという批評家もいます。あなたの洞察をお与えください。(2008.7)

答　今のところ、正義や平和といった抽象的で国際的な大義よりも、食料や石油の価格の上昇や地域の主食が不足することが主な原因であることは事実ですが、それは必要とされる方向へ向けた第一歩です。

質問　二十年前、民衆の力の巨大な盛り上がりがあり、政治秩序の転換、冷戦の終結により、世界の政治状況は確実に変わりました。突然自由と新しい可能性の雰囲気に満たされました。(一)この驚くべき変化を起こしたものは何だったのですか。(二)これはより良い世界に導いたと思われますか。(三)共産主義が崩壊したとき、商業主義がその真空状態を満たし、犯罪の蔓延のような問題を引き起こしました。旧ソ連において生活は改善したのでしょうか。(2009.12)

答 (一)冷戦の終結はマイトレーヤによって予測され、彼が(当時の)ゴルバチョフ大統領に、アメリカに行ってレーガン大統領と平和の話し合いをするよう示唆したときに始まりました。ゴルバチョフ氏へのマイトレーヤの助言には、ソ連を開放してペレストロイカ(改革)とグラスノスチ(情報公開)をすることも含まれていました。マイトレーヤの助言はゴルバチョフ氏によって実行されましたが、不運にもその過程で彼は大統領の地位を失いました。(二)はい。(三)おおむね然りです。

質問 近年、中南米で民衆の運動が盛り上がり、既存の状況に挑戦し、効果的に変化させています。これらの運動から、ベネズエラのウーゴ・チャベス大統領が選出され、ボリビアではエボ・モラレス氏が、エクアドルではラファエル・コレア氏が選ばれるなどしています。これは、マイトレーヤによって放出されているものも含む、世界に流入している新しいエネルギーによって引き起こされた肯定的な変化のうちの一つですか。(2007.3)

答 はい。それは草の根のレベルで、世界経済の変容の必要に対して人類が目覚めていることの表現でもあります。

質問　アメリカ政府は民衆の力を恐れているのですか——アメリカ国内とラテンアメリカの両方で。(2006.1)

答　はい、しかし民衆の力を恐れているのはアメリカ政府だけではありません。ますます、すべての政府が彼らの支配に対して加わったこの脅威に気づいています。彼らはあらゆる方法を使ってそれを塞ぎ止めようとするでしょうが、地上で最大の力が立ち上がり、その運命を成就するのを止めることはできません。

質問　中東における最近の出来事と、マイトレーヤとハイアラキーの覚者方の出現と支援の間にはどんな関係があるのですか。(2011.4)

答　中東の人々、そして世界全体の人々は、自らの声を見いだしつつあります。これはマイトレーヤのアイディア、教えに対する反応であるだけではなく、マイトレーヤによって何年も前に予測されたことです。

質問　マイトレーヤは、「力は民衆から来る」と言われます。(一)今エジプトで見られる民衆の蜂起は、マイトレーヤが話されている種類の「民衆の力」ですか。(二)(あなたの師の言われるような）大宣言の日に近づくにつれて、この種の運動はより力を強めながら世界中に広がるでしょうか。(2011.4)

答　（一）はい。（二）はい。

質問　「アラブの春」の進行中のニュースは素晴らしいですが、女性の不平等という古いやり方に戻る国があるとすれば悲しいことです。すでにシャリア法が復活するという話があり、悲しいことに女性の優先順位は低いようです。この問題はマイトレーヤにしか扱えないのでしょうか。(2011.12)

答　アラブの団体が現在の自由と民主主義の約束をすべてのアラブの女性に拡大することなしに達成するとすれば、悲しいことです。個人的に私は、例えばエジプトやチュニジアやリビアにおいて、それが真実だとは思いません。多くの「解放された」アラブの女性はシャリア法の多くに反対しておらず、多くの場合それは合理的で有益であると見なしており、必要であれば自分たちの自由を制限する用意さえあります。多くのアラブ諸国では女性にとっての自由は長い間存在せず、変化には時間がかかることを忘れてはなりません。私たちが民主主義を信じるのであれば、イスラム教徒が自分自身の法を選ぶ権利を持つことも信じなければなりません。シャリア法の最も厳格な側面（特にアフガニスタンのような場所で用いられているような）を緩和するためには、マイトレーヤの幅広い見解が必要であることを私は疑いません。

質問　エジプト、カイロにおけるコプト派キリスト教徒による最近のデモと抗議行動は権力側の軍によって暴力的に弾圧されました。民主主義へのステップはゆっくりとしており、政府により抵抗を受けているように思われます。エジプトに真の民主主義はもたらされるのでしょうか。（2011.11）

答　はい、確かにそうなりますが、もっと時間が必要です。民主主義に反対する勢力——権力側の軍や右翼的経済界——はまだ非常に強力です。ムバラク政権の転覆はそれ自体が奇跡であり、中東全体に反響し、世界中で民衆の声を鼓舞しました。アメリカもそれに含まれます。

質問　エジプトと日本の人々は規律、平静、集団的支援という教訓を（最近の出来事を通して）世界に示しました。彼らのこのような模範的な行動には何か原因があるのですか。

例えば、彼らの持つ歴史でしょうか。(2011.5)

答 はい、主にそうです。さらに、エジプトでは、マイトレーヤがカイロで三週間過ごされ、その時間の多くをタハリール広場で、デモの抗議者たちと過ごされました。日本では、マイトレーヤと他の覚者方は、(東日本の地震と津波の) 災害の間、人々を救助したり、慰安することに多くの時間を費やされました。

質問 世界の飢餓に関する先進国についてのあなたの批判を読みました。私の地域を代表する国会議員に手紙を書くことに加えて (それは経験から実際上何の効果もありません)、他に一人の人間としてできることはありませんか。(2006.1)

答 手紙を書き続け、デモをやり続け、あなたが感情とハートを持つ人間であることを示しなさい。あなたは一人の人間ですが、世界にはあなたのような人々が何百万人もいるのです。

質問 (一) アメリカでも、今、中東や北アフリカで示されているような民衆の力を見ることができるでしょうか。(二) そうだとすれば、アメリカは何に対して反対しなければ

ならないのですか。(2011.5)

答　(一) はい。それはほとんど確実です。世界はアメリカの魂の顕現を待っています。それは、大宣言の日の後に起こるでしょう。しかしながら、アメリカにベトナムから軍隊を引き揚げさせたのは民衆の力であり、南部の「人種隔離政策」を終わらせたのは民衆の力でした。(二) アメリカは巨大で、様々な政治的経済的見解を持つ三億人の人口を持つ国です。幾つものグループが賛成したり反対したりする理由はたくさんあります。

質問　「ウォールストリートを占拠せよ」という形で始まり、様々な都市に広がっているアメリカにおける新たな人民主義運動は、発展すると思われますか。(2011.11)

答　はい。これはアメリカの変容の始まりです。

質問　「占拠せよ」運動──「ウォールストリートを占拠せよ」デモに反応して今や全米に広がっている──は、マイトレーヤが〝結集し、世界中に広がる〟ことを期待している民衆の力の表現の一種ですか。(2011.11)

答　その一部です。少なくとも最初の頃は、様々な国の様々なグループがそれを起こすために様々な方法を用いるでしょう。

質問　アメリカの「占拠せよ」運動は、アメリカ政府に圧力をかけて特定の変化をもたらすための一定の要求を持たないとして批判する人もいます。「占拠せよ」運動は政治運動ではないという人々もおり、彼らは何か新しいものを生み出そうとしており、社会を根本的に変えるための幅広い志向を持っていると言います。あなたの見解は何ですか。

答　私は二番目の考えに同意します。要求には限りがなく、それだけが意図だとすれば行動は起こらないでしょう。

(2011.12)

質問　私の感想では、ロンドンにおける「占拠せよ」運動（私は九十九パーセントの中の一人として一〇〇パーセントこれを支持しています）は、聖パウロ寺院の外にキャンプを張ることで運動の障害を生み出していると思います。社会的経済的不正義、汚職、利益至上主義が問題であることは確かですが、抗議者たちがキャンプを張る場所は問題ではないはずです。しかしながら、ロンドンの聖パウロ寺院の外にいることは、司教たちにお金や倫理的な取引と投資についての立場を考えさせています。イエスは金貸しや商人たちを寺院から追い出しました。この状況についてあなたの見解は何ですか。(2011.12)

答　「占拠せよ」運動がこの場所にキャンプを張るのは必ずしも適切ではないかもしれませんが、それは教会の権力者たちによる占拠者たちとの尋常でない連帯を示す結果につながっており、教会が人民を支援することに近づけるものは何でも歓迎すべきです。

質問　二〇一一年八月初めの英国全土における暴力の爆発の背後にあるものは何ですか。(2011.9)

答　社会的不正義です。富める者と貧しい者の格差の広がりです。劣悪な住環境、失業、福祉や公共サービスのひどい削減です。いつでも爆発する用意のあるこの社会的動乱の引き金となったのは、明らかに武器を持っていた若者を警察が射殺した事件でした(警察は、最初は若者が彼らに銃を撃ってきたのだと言いましたが、後に彼が銃を発射しなかったことを認めました)。民衆は警察への信頼を失い、政治への信頼を失い、何も失うものがないと感じ、彼ら自身の共同社会を燃やし破壊するという間違った手段に出ました。(2011.8)

質問　それはただの便乗犯なのですか。(2011.9)

答　一般的な破壊の興奮の中で、その要素もあります。

質問　この状況に対する解決策は何でしょうか。(2011.9)

答　いつもそうであるように、分かち合いと正義です。

質問　マイトレーヤと覚者方が民衆の力を推奨していることは『シェア・インターナショナル』誌から明らかです。しかし、彼らは、最近英国で見られたような心ない暴力や破壊行為を容赦されるのですか。(2011.10)

答　「心ない暴力や破壊行為」は民衆の力の表現ではなく、破壊的力の表現です。ハイアラキーは、暴力や破壊を薦めたり容赦したりすることは決してありません。

質問　あなたは民衆の力について語りますが、これまでに多くの平和デモが行われてきました。実際にそれは影響力を持っているのですか。人々はそれに参加していないようです。実際に変化をもたらすのでしょうか。(2007.5)

答　最近、ロンドンでデモがありました。組織者は約十万人が参加したと言いました。警察は、約一万人が参加したことを認めました。私の師によれば、組織者の方が真実に近く、九万人から十万人の間でした。警察はいつも参加者の数を偽ります。政府が国民をコントロールしていると見せかけるために、警察が情報操作しているにすぎません。人々が「デモに何の意味があるんだ?」と言ってデモに参加しなくなるように。しかし、人々はデモの一部しか見ることができず、自分の周りしか見えません。だから規模は分かりません。たいていは組織者が最高の数を挙げ、誇張したりしますが、今回は全く誇張しなかったようです。多くのデモを続けることは重要です。ときどきではなく継続的に、そしてこのような持続的なデモは政府の思考に徐々に影響を与えるでしょう。

私たちがこのようなデモの価値を測ることは困難ですが、覚者方はそれが非常に強力な変化の梃子であることを疑いません。私たちはもっと頻繁にデモを組織すべきであり、参加者を増やさねばなりません。「民衆の力」は世界を変容させるでしょう。

質問　私は二十三歳で、エジプト出身です。何年もあなたに従ってきましたが、もう変化が起こるのを待ちきれません。私は革命という形で変化を見ました。(一)しかし、奇跡という形で変化がいつ起こるのかを知りたいのです。私が毎日見るサイトでは、誰もがそれは間近であり、多くのことが変化すると述べています。しかし私の質問は、信じる者(または私のような者)がいつその始まりに気づくのかということです。あらゆる一般の人々が、これは正常ではないことに気づくべきです。(二)私はイスラム教徒なので、マホメットがイエス覚者のように今地球上に覚者として私たちを援助するためにいらっしゃるのかということに関心があります。(2011.11)

答　(一)今起こっている物事の中に徴を求めるべきです。中東全体やその遥か遠くで起こっている出来事が見えませんか。エジプト、カイロのタハリール広場でほんの数カ月前に起こったことを覚えていませんか。それは世界中でどんどん起こり始めています。マイトレーヤ御自身が三週間以上あの広場で長時間過ごされ、あらゆる宗教を持つ人々を鼓舞し、安全を守り、世界に対するインスピレーションとして彼らがお互いを守り面倒を見るよう教えました。今も世界を変えているのは、至るところで声を上げている民衆なのです。(二)マホメットであった覚者は転生しておりませんが、彼の弟子を通してイスラム教徒に働きかけています。マホメットは彼のインスピレーションと教えをイエス覚者から受けました。彼らは兄弟です。

質問　ある国々は移民を禁止することを決定しており、この目的で違法移民の流入を防ぐための壁を築き、あるいはすでに定住した人々を一斉検挙して強制送還しています。民衆の力によってベルリンの壁が崩れたのは二十年前のことです。政府が分離の壁を建設して大量の人々を強制送還するのをやめさせるためには何ができますか。(2010.10)

答　同じ手法、民衆の力です！

質問　人々が理想を持ってはいるが、それに基づいて行動しないならば、人類が抱えている自己満足を取り除くために何ができるでしょうか。(2010.10)

答　全くです。自己満足は病気です。お金はエネルギーです。それ自体では善でも悪でもありません。善いことにも有害なことにも使うことができます。人々はお金が悪の根源だと考えていますが、真の罪は、分離感から生じる自己満足です。

人々は世界で何が起きているかを知っています。人々が飢え死にしているのを知っています。アメリカやヨーロッパのような豊かな国の人々は、人々が死んでいるのを知っています。以前私たちは彼らが死んで行くのをテレビの画面で見ていましたが、視聴者がチャンネルを変えてしまい、そうするとコマーシャルを見なくなるので、もはや放映されなくなりました。にもかかわらず、人々はたえず飢餓で死んでいます。栄養不良に関係した病気のために毎年五百万人の子供たちが死んでいます。これは起こるべきではないことです。私たちはこれらの病のすべてに応えなければなりません。世界には一人当たり十二パーセントの余剰食糧があります。それは単に分配されていないだけです。経済問題に対する解答は、世界の資源を再分配することです。これが普遍的な正義を生み出し、それによって平和が生まれます。それが平和への唯一の道です。

質問 (一)リビアとシリアで民衆の力が成功すると思われますか。(二)それぞれの国にとって最も実際的な解決策は何でしょうか。(2011.6)

答 (一)はい、次第にそうなるでしょう。(二)それぞれの国で問題や変化への受容性は異なります。次第に、世界中で、マイトレーヤによって鼓舞され、自由、分かち合い、正義の旗の下で、民衆の力が成功を収めるでしょう。

質問 独裁者や暴君は裁判にかけられるべきですか。(2011.6)

答 個人的には、そうは思いません。それは何も解決せず、復讐心をかき立てるだけでしょう。

質問　おそらく赦しの精神をもって、旧体制の専制君主たちは、避難所と恩赦を与えられるべきでしょうか。(2011.6)

答　はい、同感です。

質問　(一) リビアのカダフィ大佐と彼の息子たちは「人道に対する罪」で裁かれるべきですか、それともどこかに亡命場所を与えられるべきですか。(二) 亡命だとすれば、それが他の独裁者に与えるメッセージは何でしょうか。(2011.10)

答　(一) 私は亡命を支持します。カダフィと息子たちが世界の法廷で裁かれるならば、彼ら (や彼らの信奉者) は殉教者になるでしょう。彼らの誤った行為の記憶や恐怖政治が美化されることを許さず、速やかに乗り越えられ、忘れられ、許される方が良いでしょう。ドイツや他の場所にはまだネオ・ナチ集団がいることを忘れるべきではありません。(二) 亡命が既存の独裁者に励みを与えるとは思いません。権力を失うことは彼らにとって十分な損失です。亡命場所があると考えることは彼らが去ることを促すことさえあり得ます。

質問　民衆は自国の経済体制を倒そうと努めるべきでしょうか。（2011.11）

答　民衆の力は特定の国の経済体制を「倒す」ためのものではなく、その国の人々のための自由、正義、平和を勝ち取るためのものです。最終目標は常に頭に置いておかねばなりません。それは世界中に自由、正義、平和を確立することです。これを達成するためには、世界の経済体制が根本的に再組織されることが必要であることは明らかです。分かち合いはこれを達成するための最も重要な仕組みです。

質問　現在の経済、政治、社会の仕組みを変えようと働いている最も熱心な活動家や、環境保護のために働いている人々は、本当に実際的で適切な解答を持っているのですか。（2011.11）

答　はい、持っています。すべての人のための生活を変容し、戦争を終わらせることを保証する分かち合いと正義が、宣言されるかどうかにかかわらず、すべての人の目標です。

質問　現在、世界教師マイトレーヤが行っている最も重要な仕事は何ですか。（2011.12）

答　私たちの観点からは、人類の霊的な性質を目覚めさせ、世界をより良い方向に変えることです。

五　惑星の救済

惑星の救済

覚者による記事

人類が彼らの住まいである惑星の生態圏の不均衡がいかに深刻であるかに気づくとき、その状況の改善のために極めて緊急に必要とされるステップを取らなければならない。もし十分な決意で対応することに失敗するならば、人類はこの惑星を徐々に、しかし必然的な破壊に陥れることになる。そうすると、どんな遺産を子孫に引き渡すことになるのか。この自己破壊を蔓延させないためには、すべての者が共に行動し、必要な犠牲を払わなければならない。これは惑星の保全に対する態度の変更、および今日、人間にとって必要と見なされているところのものについての完全な変更を必要とする。ある人々にとっては、必要とされる変化を承認することは容易でないだろう。しかし、そのような変化によってのみ、この惑星のいのちは保証され得る。すでに地球上の欠くことのできない森林の蓄えに深い食い込みが起こっている。森林の乱伐は酸素の減少と炭酸ガスの上昇を生じさせた。これは今や危機的段階にあり、即刻、行動する必要がある。地球温暖化の現実は今や大勢の人々の心（マインド）に目覚めつつある、しかし、圧倒的な証拠にもかかわらず、人間の行動が原因であることを否定する者たちがまだいる。わたしたち、あなた方の兄たちは、人間の行動が地球温暖化の八十パーセントに責任があるということを、完全な確信をもって言うことができる。マイトレーヤがこの緊急の問題に人間の注目を向けさせるのは長い先のことではないだろう。彼は人間に選択肢を突き付けるだろう——一つには、今行動することによる有益な結果か、そしてもう一つは、何もしないことから、あるいはあまりにも少ない行動の結果としての破壊か。かくして、決断は人間のみが行う。人間がこれを理解するとき、彼らはまさにこの大義の下に結集するだろう。彼らの子供たちの未来が、現在の行動に依存していることを知るだろう。そしてマイトレーヤと彼のグループから、彼らが取るべき必要なステップを引き出すだろう。マイトレーヤは、より簡素な生活を、惑星の状況の現実により見合った生活を提唱するだろう。これが必要であることを十分に多くの人々が確信するとき、簡素化への運動が惑星全体を通じてますます大きく広まるだろう。何千万の人間が変化の必要に鼓舞されて、それは極めて異常な速さで進むだろう。このようにして、地球という惑星が直面する最も深刻な危険は、いくらか押し止められるだろう。これが多くの人々を勇気づけて、彼らはさらなる変化への用意を進めるだろう。必要な変化のジレンマに直面して、人間は分かち合いの原則を受け入れることの必然性に気づくことになるだろう。分かち合いのみが、これらの変化を実際的で可能なものにするだろう。分かち合いを通してのみ、この惑星の賜物はうまく利用される。分かち合いを通してのみ、この賜物は正しく管理されるだろう。このようにしてのみ、惑星自体はその環境およびその住民と調和して生きることができる。

（『シェア・インターナショナル』二〇〇七年五月号掲載）

人間の責任

覚者による記事

太初のときから、人類はわれわれの住処《すみか》なる惑星の自然の騒乱を恐れた。想像し難い狂暴さを持つ地殻の激変によって、繰り返し、繰り返し、地球の表面の巨大な部分が破壊された。多くの人々にとって、この事実を受け入れることは難しく、多くの宗教人の心（マインド）に神の人類に対する愛の真実性について深刻な疑問が持ち上がる。地震や津波などで何千人もの人々が殺されるのを許す慈愛深い神を信じることができようか？　もし人類がそのような惑星的破壊に彼ら自身の関わりを理解するならば、その出来事を防止するのに大きな役割を果たすことができるのである。

地殻は長い年月にかけて変化しており、単一に平均的に世界に広がっているのではない。よく知られているように、それは異なった深さの様々なプレートの形をとっており、それらは重なり合い、相対的に絶えず動いている。プレートの端や断層ラインの上や近くにある国や街は、地震や、海に近い地域では津波に、絶えずさらされる。神の愛が人類を守れないという問題ではなく、地震による圧力であり、それは解き放たれなければならない。では、何が、そのような大きな破壊に至るまでに地震の圧力を増大させるのかと問うかもしれない。

デーヴァエレメンタル（あるいは天使的フォース）がこれらの巨大なエネルギーを働かせる、あるいは緩和させるメカニズム（仕組み）を管理するのである。地球は生きた存在であり、これらのフォース（エネルギー）の影響に様々な方法で反応する。一つの大きな影響は人類から直接来るのである。人類が、その通常の競争心で、戦争や政治、経済危機を通して緊張をつくるにつれて——すなわち、われわれが平衡を欠くとき——、デーヴァ界も平衡を欠くのである。その必然的結果は、地震や火山の爆発や津波である。責任はわれわれにあるのである。

では、この破壊の周期を終わらせるにはどうすればよいか。人類は方法手段を持つのだが、これまでは変えようとする意志を持たなかった。われわれは自分たち自身をひとつとして見なければならない。一人ひとりが神の反映であり、兄弟姉妹であり、唯一なる御父の息子や娘たちである。われわれはこの地球から戦争を永久に追放しなければならない。われわれはこの惑星の資源を分かち合わなければならない、それはすべてに属するのである。われわれはお互いに調和した未来を知るようになるために、惑星自体と調和して生きることを学ばなければならない。

マイトレーヤは人間に道を示し、人間の活動を活気づけるためにやって来られた。世界中で、人々は彼らの声を見いだし、正義と自由を呼びかけている。多くの人々が自由と正義に対する彼らの天与の権利を主張するために死んだ。マイトレーヤは、至るところにいるすべての男女が自分たち自身を、マイトレーヤが彼らを見るように、神として、神（神聖なる存在）自体の息子と娘たちとして見ることを呼びかける。

（『シェア・インターナショナル』二〇一一年四月号に掲載　三月三十一日筆記）

温暖化・自然災害・カルマ

質問　「今日、四十五カ国の五十六の新聞が共同社説を通して一つの声を届けるという前例のない手段を取る。私たちがこうするのは、人類が深遠な緊急性に直面しているためである」。これは二〇〇九年十二月に行われたコペンハーゲンの気候変動サミットの前に世界中の新聞の編集者たちが取った前例のない手段です。

この共同の取り組みは霊的ハイアラキーによって鼓舞されたものでしたか。そうだとすれば、どの覚者でしたか。これから数カ月のうちに、さらにこのような歴史的な出来事が起こることを期待してもよいでしょうか。(2010.1)

答　はい、マイトレーヤでした。社会の様々な分野におけるグループのこのような行動は増加し、これから数カ月、数年のうちに形を取るでしょう。メディアは、地球を救おうという人々の切望を反映する人々の代弁者であり、この種の行動は、そのような行動がもはや必要でなくなるまで何らかの方法で続くでしょう。

質問　二〇〇九年十二月のコペンハーゲン国連気候変動会議において、各国の指導者たちが広範囲に及ぶ合意に達することができなかったことを受けて、失敗の理由について取り沙汰されています。

失敗の原因は以下のものですか。(一)中国およびある程度はインドがまだ経済成長していることから、自国の経済利益を保護したこと、(二)主にアメリカの商工会議所に代表される産業や企業の利害が、意のままに汚染する自由に介入するあらゆる手段を防いだこと、(三)デンマーク首相が、何らかの結果を得ようとして、少数の国々の間だけで弱い部分的な合意を仲介したこと。(2010.1)

答　(一)はい。(二)はい。(三)いいえ。

質問　(一)メキシコ湾の石油採掘装置の爆発とそれに続く環境破壊は、アメリカにおけるさらなる海上採掘を求める要求に最後のとどめを刺すものだと思われますか。(二)現時点でアメリカの南岸に何百万ガロンの石油が流出しましたか。(2010.7)

答　(一)いいえ、残念ながらそうは思いません。アメリカの石油会社の絶え間ない石油への貪《どん》欲さ(彼らにとってそれは黄金の液体です)や、石油の枯渇を恐れるよう条件づけられてきたアメリカ国民の大部分のことを考慮すれば、私はそう考えません。(二)数百万ガロンです。この事故は、「アメリカ史上最悪の環境破壊」と宣伝されています。個人的に私はそうは思いません。アメリカ、ヨーロッパ、その他の場所で、最近だけでも同じような事故は幾つか起こっています。自然にはこれらの事故を吸収し克服する素晴らしい力があり、影響を受けた地域の生物は数年で正常に戻ります。

質問 二〇一〇年四月の石油採掘装置の爆発は巨大な環境破壊をアメリカ東岸に引き起こしましたが、これはカルマの結果ですか。そうだとすればなぜですか。(2010.8)

答 いいえ、これは事故でした。実際、これは「巨大な環境破壊」をもたらしたのではなく、「潜在的な」環境破壊をもたらしました。ヨーロッパから見れば、オバマ大統領は(通常私は彼を支持するのですが)、ＢＰ(英国石油)の責任追及に大げさになりすぎているようです。ＢＰはすでに責任を認め、誠実で合理的な主張に応えると述べています。アメリカの大衆は、ＢＰの株主の半数はアメリカの投資家であることを知っているのでしょうか。

質問　あなたは以前、ある種の「原始的な」動物はこれから絶滅していく運命にあると言われました。これほど多くの鳥、動物、海洋生物が死滅していくのも、「大計画」の一部なのですか。地球環境に対する人間の活動の影響で、多くの種族が絶滅の脅威に瀕していると専門家は警告しています。(2006.5)

答　人間活動によって生じた環境の変化が、動物、鳥、魚の多くの種族に非常に破壊的な影響を及ぼしているのは確かです。しかしながら、特定の非常に古代的で原始的な動物や魚がゆっくりと計画的に絶滅していくのには、進化の目的があり、法の下で起こるものです。それは第一光線の集中した破壊的な様相の結果です。

質問　世界のメディアが気づいているように、過去二週間に何千もの鳥や魚が死んでいます。従来型の説明が提供されていますが、受け入れる人はほとんどいません。より従来型でない説明の一つは、磁極が急速に転移しており、それによりシアン化水素の雲による低空の大気が侵入して、鳥が即死しているというものです。しかし、これでも魚の死滅を説明することはできません。もう一つの説明は、ＨＡＡＲＰプロジェクトによる大気実験であるというものです。すべての生命に関わる何かが進行していることは明らかです。

『シェア・インターナショナル』に対する私の質問は以下のことです。

霊的ハイアラキーの観点から見て、この現象の主要な原因は何ですか。このことは非常に重要であり、ウェブサイト上で回答されることを希望します。現在進行中の出来事について鍵を握るものがあなたの広大なネットワークの中にはあるに違いありません。(2011.4)

答 霊的ハイアラキーからの情報によれば、磁極は転移していません。覚者方によれば、原因は気候であり、世界の様々な地域における集中豪雨の結果です。これらの雨が洪水を引き起こすだけでなく、非常に多くの有毒な汚染物質を地面に降らせています。その中には、あらゆる原子力発電所によって大気中に放射される核放射能が含まれます。

質問 もし地球温暖化が大きな問題なのだとすれば、マイトレーヤはなぜ「地球を太陽に少しだけ近づけた」のか説明していただけますか。それは温暖化を悪化させるのではないですか。そうだとすれば、もしマイトレーヤがこの奇矯な行動を行わなければ、気候変動は結局のところ、これほどひどいものになっていなかったと考えられますか。(2006.6)

答 地球温暖化の二十パーセントは、地球が少し太陽に近づけられたことによって起こっています。八十パーセントは資源の誤用とガスの排出が原因です。マイトレーヤはなぜこのことを行ったのでしょうか。それは法の下で、人類の恩恵のために行われたと考えるべきです。このおかげで、現在一年のほとんどが氷に覆われている北部ヨーロッパやアジア、カナダ、ロシアの多くの地域で、食料の生産が可能になるでしょう。それはまた、私たちの側で地球温暖化を制限するための努力の必要性を強めるでしょう。

質問　ブラジルは、アマゾン地帯に巨大な水力発電所を建設しようとしています。その建設は先住民の住居や環境を破壊するものです。巨大な森林地帯も取り返しがつかないほどに破壊されます。この惑星は森林に依存しています。覚者方はこの場合に森林を救うために介入できますか。(2010.10)

答　いいえ、それは人類の自由意志の侵害であり、決して起こらないでしょう。それは国連が決定すべき問題です。ブラジルは巨大であり、そのようなダムのためにもっと破壊的でない地域があるに違いありません。

質問　インドの活動家たちは、ガンジス川に巨大なダムを建設するのを食い止めるのに成功しました。活動家たちは多くの利益をもたらす計画に反対して戦う権利があるでしょ

うか。(2010.10)

答　はい。それは利益と破壊を比較考量するという問題です。

質問　洪水、干ばつ、火事、土砂崩れ、火山の噴火――今日の世界の変動と破壊――は新たな高いレベルに達しているようです。これは本当でしょうか。これは、それに関わる特定の国のカルマのためでしょうか。(2010.10)

答　人類は大きなストレスと不均衡の時代を通過しています。環境のフォース（エネルギー）をコントロールしているデーヴァたちは均衡を失っており、そのために変動と破壊が起こっています。この破壊の幾つかは確かに特定の国々のカルマによるものです。

質問　ビルマを襲ったサイクロンは自然現象でしたか。また、中国の地震は自然現象でしたか、それとも人間によって生み出されたものですか。(2008.7)

答　いいえ、それらは自然現象ではなく、直接的に人間によって生み出されたものでもありません。また、ビルマや中国の政府の悪行のカルマ的結果でもありません。それらは緊張の結果であり、維持しきれないほどのフォース（エネルギー）がストレスの結果として爆発したのです。

例えば、人類は原因と結果の法則、無害の法則を理解していません。今日の世界には、イラク侵攻のために途方もない緊張が生まれています。それは完全に無法で、不必要で、身の毛もよだつような戦争であり、多くの人命を犠牲にしました。アメリカとイギリスによる侵攻というあの戦争は、世界に途方もない緊張を生み出しました。アフガニスタンにおける戦争とイランに対するアメリカの圧力もまた、世界中に必然的に恐怖をもたらしています。人々は緊張状態の中で生きています。その一部は巨大な宇宙的エネルギーのためですが、強力な個人の行動のためでもあります。そして民衆は黙っています。この国（日本）は黙っています。アメリカの同盟国だからです。しかし世界のすべての国家は、このアメリカによる他の国々への虐待に反対の声を上げなければなりません。

アメリカは偉大な国であり、さらに偉大な国になるでしょうが、悲しいことに、その運命を逸脱しており、自分の理解していないフォースを弄《もてあそ》んでいます。アメリカは若く、強く、極端に傲慢《ごうまん》な国です。それは若者、特に強い若者の傲慢さです。より年長の、賢明な国家がアメリカの行動に反対の声を上げるべき時です。

最良の方法は、分かち合いを受け入れるよう促すことです。分かち合いと正義は世界に均衡とバランスをもたらすでしょう。

現在のように、私たちが均衡を欠いていると、台風や地震などを司るエレメンタル・フォースもまた均衡を失います。定期的に竜巻が起こっていた地域では、それが巨大化します。定期的に地震が起こっていた地域では、巨大な地震が起こります。エレメンタル・フォースは、私たちのストレスに反応します。人類はすべてのフォースと惑星のすべての側面との間に存在する関連性について理解しなければなりません。

質問　二〇〇六年一月二十一日にインドネシアの海岸を襲ったマグニチュード七・七の地震は自然の出来事でしたか。(2006.3)

答　はい、そうです

質問　アメリカのテネシー州は二〇〇六年四月の最初の第二週の間に幾つかの竜巻や巨大な嵐の損害に見舞われました。連邦政府によって大災害と宣言された地域もあり、約六十名の人々が生命を失いました。(一) これはカルマ的なものでしたか、そして特定の行動と関係があるのですか。同時に二つの出来事が起こりました。ナッシュビル近くのギャラティンで、男性と彼の母親（または義母）と彼の息子と飼い犬が車に乗っているとき、竜巻に巻き込まれました。車は一・五メートルあまり空中に持ち上げられ、七十三メートルほど離れたところに着地するまでに何回転もしました。速度があまりに速かったので、車が木にぶつかり、木が裂けて倒れ、車を覆ったほどでした。しかし、車に乗っていた全員が助かり、傷を負ったのは耳に切り傷を負った男性だけでした。(二) これは奇跡でしたか。これに関与したのはどなたですか。(三) 別の事故では、竜巻に直撃されたとき、男性とその母親は家のたんすに隠れました。彼らはしっかり抱き合っていましたが、竜巻が家を破壊し、空中に持ち上げられたとき、離ればなれになってしまいました。男性は生き残りましたが、母親は亡くなりました。これは奇跡でしたか。(2006.6)

答 (一) はい。イラクにおける破壊的な行動の結果です。(二) はい。イエス覚者でした。(三) はい、男性を救ったのはイエス覚者でした。

質問 西半球で最も貧しい国の一つであるハイチを襲った地震はとりわけ残酷なものでした。地震の原因は何でしたか。(一) カルマ的な原因ですか。地球の地層の自然運動によるものですか。それともその他の理由ですか。(二) 覚者方はそこでさらにひどい災害

が起こるのを防がれたのですか。（三）覚者方はハイチの死傷者の援助に関わりましたか。(2010.3)

答　（一）それはカルマ的なものであり、アメリカ諸国で最も貧しい国民であるハイチの貧困者の間の長い緊張状態と、ハイチにおける何十年もの独裁的で腐敗した指導者の支配が長く続いた結果です。（二）はい。（三）はい。いつものとおりです。

質問　二〇一一年三月十一日の金曜日に日本の東北・関東地方を襲ったマグニチュード九・〇の地震は、多くの人命を失わせ、巨大な破壊をもたらしました。それでも、マイトレーヤの聖なる介入はあったのでしょうか。(2011.4)

答　はい。それなしには、苦難ははるかに大きなものとなっていたでしょう。

質問　地震が起こってから津波が海岸に達するまでの間が二十、三十分しかなかったと報じられています。日本はより小さな規模の津波への備えはありましたが、これほどの規模の津波はかつて経験したことがなく、多くの人々が飲み込まれました。死者の数はまだ増え続けています。（一）津波によって流された人々は聖なる介入を受けましたか。（二）

彼らは苦しみましたか。(2011.4)

答　(一)はい。そして、さらに多くの人々が救われました。(二)不思議なことに、苦しみませんでした。マイトレーヤは恐怖や痛みを取り除く力をお持ちです。

質問　ＵＦＯの兄弟たちは福島原発事故を監視し援助するために来てくれましたか。(2011.4)

答　状況を監視し、必要であれば援助するために来ました。

質問　日本を地震と津波が襲った二日後に、ユーチューブなどの動画サイトで、地震直後のＵＦＯ活動を示すビデオが見られました。宇宙の兄弟たちは放射能漏れを食い止めるのを助けるために、原子力発電所の上空で働いているのですか。(2011.4)

答　はい。これらの原子力発電所は、過去も現在も、彼らの主要な関心事です。

質問　長年『シェア・インターナショナル』誌を購読して、災害の時にマイトレーヤと覚者方が人々を助けられるやり方を知りましたが、日本やリビアにおいても同じことが起

こったと確認していただけますか。(2011.4)

答　はい。確かに、カルマの法則の範囲内で、覚者方はいつも最初に現場に行って援助を行われています。

質問　二〇一一年二月、ニュージーランドはマグニチュード六・三の地震に襲われ、クライストチャーチ市の中心部が破壊されました。日本とニュージーランドは同じ地震地帯の上にあり、同様の地理的状況にあります。これらの二つの地震には関連性があるのですか。(2011.4)

答　はい、環太平洋全体で大きな地震活動が起こっています。この地域でさらなる地震や津波が起こっても驚くべきことではありません。

質問　日本で起きた地震と津波の恐ろしさを考えて、これがカルマ的なものか自然の原因によるものかを教えていただけますか。(2011.4)

答　日本の地震と最近のニュージーランドの地震は自然が原因であり、地震地域である環太平洋火山帯における太平洋プレートの運動に関係しています。しかしながら、覚者の記事「人間の責任」を読めば、人類全体としての破壊的やり方から生じるカルマ的原因があることが分かるでしょう。人類がもっと破壊的でなければ、地震や火山や台風の活動もこれほど破壊的なものではなかったでしょう。

地球は産みの苦しみの中にある

覚者による記事

地球温暖化とその結果がもたらす気候変動によって提起される危険を真剣に受け止めはじめた人々がやっと現れたと言ってよかろう。その危険の実体と度合いについて、そしてその中で、それが存在することについての合意ができた問題に対処する最善の方法について、かなり意見の相違があることは確かである。しかしながら、破壊の進行を止め、環境を安定させるためには人間は途方もない仕事に取り組まねばならないということを、少なくとも認めつつある人々がいるということは疑いない。最も認識のある、関心を持つ人々でさえ、この問題の大きさとその複雑さの度合いがどれほどのものかについて、ほとんど知らないということもまた事実である。

汚染問題がその一つである。汚染は様々な形をもち、あるものは明らかであり、意志さえあれば容易に対処できる。しかしながら、あるものはいまだ人類に知られていない科学と救済策を必要とする。それはあまりにも有毒で破壊的であり、その克服は最優先されなければならない。空気の質や食物や動物、そして河川や海洋の魚に対する汚染の結果は知られているにもかかわらず、ほとんど無視されている。あらゆる汚染物質の中で最も破壊的な核放射能による汚染は、地球科学の科学者たちによる発見を待つ。核放射能の上位レベルは、現在の原子力テクノロジーを超える。またそれは人間と低位王国（動植物界）にとって最も有害で危険なものである。これらすべてのレベルにおいて、汚染の問題は克服されねばならない。これは現在の政治、経済、社会の完全な再建によってのみ達成することができる。

人間は地球を荒らし、汚染し、そして自分自身の住む環境をひどく破壊した。今、人間は自分たちが傷つけたところのものを救済することを最優先と見なし、自分たちの病んだ惑星を健康に戻さなければならない。惑星に対する要求を簡素化し、簡素さの美を学び、分かち合いの歓びを学ばなければならない。人間はほとんど選択肢を持たない――その仕事の緊急性は、即刻の行動を要求する。すでになされたダメージ（損傷）の本当の規模を認識する者は、まさにほとんどいない。問われなければならない問題は、地球という惑星を救済することができるか、それはどんな方法によってできるのか、ということである。

答えは大きく鳴り響く「然り」であり、その方法には大多数の人間による現在の生活様式の変容が含まれる。

いわゆる開発された国々すべての最高の野望は、彼らの経済の成長率をさらに高め、それによってさらに豊かになることである。そして、競争に基づいた経済社会で、支配力と力（パワー）を収得し、さらに高度の生活水準を享受することである。そのためには、地球の略奪、資源の無頓着な浪費は単に自然なことであり、必要だと見なされる。この無責任な行為がついに惑星地球をほとんど屈服した状態にまで至らしめた。

マイトレーヤがこの緊急問題を取り上げ、そして彼の解決法を提供する時は、長い先ではないことは確かである。彼が提唱する最初のステップは、今日多くの者が否定するこの問題の緊急性を受け入れることである。分かち合いは、われわれの災いへの答えと地球の再生をもたらすための変化のプロセス（過程）の始まりであると、彼は言われるであろう。

（『シェア・インターナショナル』二〇〇七年十一月号掲載　十月十四日筆記）

核放射能、原子力発電

質問　（一）原子力発電所が事故を起こそうが起こすまいが、災害や放射能漏えいなどがなくとも、それが存在すること自体が危険であり毒性が高いということを、医療科学の分野で説得するためにはどうするのが一番よいでしょうか。（二）キルリアン写真の技術の発達は有力な証拠となるでしょうか。（三）そうでないとすれば、核エネルギーによる汚染の証拠を最も早く発見するための科学的手法は何でしょうか。(2011.7)

答　（一）それが可能であれば私はとっくにやっているでしょう。私は三十年以上も核放射線の危険性について話してきました。これらの「科学者」たちは自分の仲間たちの言うことにしか耳を傾けず、彼らも残念なことに同じ偏狭な意見を持っています。（二）いいえ。（三）福島やチェルノブイリのような災害を体験することです。

質問　ハイアラキーの助言は、すべての原子力発電所をできるだけ早く閉鎖することと言われます。(一)科学者は、原子力エネルギーは炭素系エネルギーよりもクリーンだと言います。(二)他に有効な選択肢がない。(三)原子力産業には多大な投資がなされており、それなしでは経済が成り立たない。

これらの点についてコメントをいただけますか。(2011.7)

答 (一)炭素の観点からはそうですが、破壊性の観点からはそうではありません。(二)選択肢は核融合プロセスです。それは核分裂には依存しません。それはクリーンで、冷温で、廃棄物を生まず、ジュワル・クール覚者(アリス・ベイリーを通して)によれば、電力需要を満たすためには、世界中で入手可能な水の同位元素しか必要としません。核融合プロセスには様々な方式がありますが、その幾つかは石油産業の部門が自己の領域を保護するために買い上げています。(三)それは高度な工業国では当てはまりますが、世界全体ではそうではありません。私たちは核分裂に基づく原子力発電所を必要としていません。それは時代遅れであり、極めて危険です。

質問 原子力エネルギーの利用を止めるというハイアラキーの助言に世界が従うとして、短期的中期的に、世界のエネルギーの必要はどうやって満たされるのですか。

答　常温核融合プロセスです。(2011.7)

質問　原子力エネルギーの生産を含む、核分裂によるすべての活動が完全に停止することは、次の二十五年間のうちに起こるでしょうか。(2011.7)

答　はい。

質問　医療上の利用のために一定量の核エネルギーは必要とされます。それも廃止する必要があるのでしょうか。短期的な代替策は何でしょうか。(2011.7)

答　それは将来の遺伝子工学の発達した形により取って代わられるでしょう。

質問　現在、世界で最も危険な原子力発電所はどこにありますか。(2011.7)

答　建設から二十年以上経過したすべての発電所は、事故があろうがなかろうが、特に疑わしいです。

質問　遺伝子破壊と突然変異は、核廃棄物に被曝することとの必然的結果ですか。(2011.7)

答　はい。

質問　ドイツは、将来核エネルギーを廃棄することを発表しました。他の国々もこれに従うと思われますか。(2011.7)

答　はい。やがてそうなるでしょう。

質問　福島原発で事故を起こした1、2、3号機の処理をどうすべきか、専門家や東電の考え方もまちまちで、いまだに方針が決まらないようです。原発付近に住んでいた住民に対しても、できるだけ早く戻れるようにしたいなどと言って希望を持たせていますが、チェルノブイリの事故の場合、二十五年経った現在でも立ち入り禁止になっていることを考えると、政府の考え方は安易にすぎると思うのですが、コメントをいただけますか。(2012.3)

答　原子炉を修理して使えるようにできるか、あるいは完全に放棄しなければならないかについて、現時点で確実に評価するには時期尚早です。状況はたえず変化しており、安定していません。福島の原子炉はチェルノブイリのものと同じ種類のものではなく、比較するのは困難です。途方もない幸運とエンジニアたちの懸命な働きでうまく修復されて、人々が二～三年で帰れるようになるかもしれず、あるいは四十～五十年後かもしれません。覚者のアドバイスは、用心して、そこに戻って住まないほうが良いでしょう。

質問　二〇一一年三月の東日本の大災害によって放射能のレベルが致命的になったのは、世界のどの地域ですか。(2011.5)

答　どこもありません。日本の原発事故に対して非常にヒステリックな反応があります。これまでのところ、放射能の影響を受けているのは日本の東の方に住む人々だけです。

質問　海はすべてつながっていますから、魚を食べるのはやめた方がよいですか。(2011.5)

答　世界のすべての海や土地はすでにある程度放射線の影響を受けており、私たちが呼吸する空気もそうです。宇宙の兄弟たちはそれを（カルマの範囲内で）中和するために彼らの時間と労力の九十パーセントを使っています。私たちは気まぐれに世界中の漁業資源を枯渇させていますが、広い視野から見れば、海にはまだ多くの魚がいます。

質問　福島事故の後、高度に汚染された水が海に放出され、数日間止めることができず世界的な懸念事項となりました。そしてその海域の魚は汚染されてしまいました。魚の種類にもよると思いますが、この汚染は地域にどの程度、どのくらいの期間にわたって影響を及ぼすでしょうか。(2011.7)

答　それは潮流や風のため予測不可能です。

マイトレーヤの働き方

質問　マイトレーヤはなぜ人間の意識に変化をもたらすために肉体的に出現する必要があるとお考えなのですか。(2007.10)

答　マイトレーヤは、ハイアラキーの覚者方が行っている同様の帰還の一部として、私たちの日常世界に肉体で戻られたのです。それはハイアラキーの外的顕現《がいてきけんげん》と呼ばれます。それ以上に、彼が完全な肉体的な意味で戻られたのは、アクエリアス時代の世界教師として仕事をするためです。肉体を持たなければ、直接的に見聞できる存在を求めている無数の人々の注目を得ることはできないでしょう。今でさえ、彼がここにいることを喜んで信じ、彼の教えに応える用意のある多くの人々が、躊躇《ちゅうちょ》しているのは、彼を見ることができないからです。一方、無数の人々が、グルや疑わしいアバターを追いかけているのは、信じるために肉体的な存在を見る必要があるからです。

質問 マイトレーヤの肉体は、キリストのエネルギーのすべての意識を含有《がんゆう》できるのですか。それともそのほんの一部だけですか。(2008.04)

答 ほんの一部ではなく、八十五パーセント含んでいます。

質問 マイトレーヤは、キリストのエネルギーの経路なのですか。それとも彼の肉体は私たちとは異なっているのですか。(2008.04)

答 マイトレーヤは非常に純粋で進化しておられるので、彼はキリスト意識の単なる経路ではなく、それを完全に体現しておられます。それは彼から私たちに直接流れます。彼の〝光の身体〟はヒマラヤで休息しています。彼が今日現れている肉体は、彼自身が創造したものであり、マヤヴィルーパ（顕示体《けんじたい》）と呼ばれます。

質問 マイトレーヤは、アメリカの右翼的な福音主義者たちにどう反応されますか。彼らは極端で危険に思われます。(2009.06)

答 マイトレーヤは、あなたを愛するように、完全に、無条件に彼らを愛していることを私は疑いません。

質問　あらゆる宗教を包含《ほうがん》するマイトレーヤの使命を成就するのを助けるということになると、グル（師）を持っている人はどうなるのですか。誰かを信奉しているときには、どうやってそれと組み合わせればよいのですか。（2009.03）

答　マイトレーヤは宗教的教師ではありません。彼は本質的に「霊的教師」であり、世界の政治、経済、社会的必要への関心を包含しています。彼は世界教師であり、宗教を持つ人にも持たない人にもすべての人々にとっての教師です。多くの人々は宗教的な道だけが霊的な道だと思いがちです。それは神を体験するための多くの道の一つにすぎません。私たちはあまりにも深い物質主義の中に政治や経済を覆い隠したので、今日のような危機的な状況を迎えたのです。私たちはすべての人々のために、分かち合いと正義と自由を通して霊的な政治と経済を持たなければなりません。それがマイトレーヤの目的です。愛とは正しく分かち合う行為です。それが平和への道です。誰もマイトレーヤが現実に存在することを信じる必要すらありません。彼が示すものを信じていれば十分です。彼は信奉者も献身者も欲しません。

質問　一年半前（二〇一〇年一月）に、マイトレーヤは公の使命（アメリカやその他の国においてテレビでのインタビュー）を開始したと言われました。それ以来、湾岸石油災害、日本の津波と現在も続く放射能被害、多くの人々が殺され虐待されたアラブの春、そして世界中で災害を引き起こしている異常気象などが起こりました。私は、マイトレーヤが臨在される影響で、世界はもっと穏やかな方向に進むと思っていました。しかしそうではないように見え、彼の臨在によって混乱が少なくなっているとは思えません。実際、転換点に達するまでには、さらに同じようなことや、もっと悪いことが起こるかもしれません。この分裂状態について、そして転換点がいつ起こるのかについてコメントをいただけませんか。（2011.11）

答　当然ながら、その進化段階や経験の違いのために、一般の人々と覚者方は世界の出来事を全く異なった観点から見ています。人々は単に個々の分離した出来事の連続を見て、各人のマインドの状態に応じて、それを脅威とか受け入れられないとか恐ろしいとか考えます。覚者方は同じ出来事を見ますが、すべての界で同時に起こっている、私たちの限られた認識のために見ることのできない、他のすべての出来事もご覧になります。覚者方は出来事が各界を通して上昇したり下降したりするのをご覧になります。私たちの目には強力で脅威に見える出来事の多くは、覚者方の目には衰え消滅していくものであり、同時に、新しい仕組み、思想、アイディアを体現する巨大なエネルギーの動きが、徐々に下降して物質界に顕現《けんげん》しています。このようにして途方もない変容が起こっており、その大部分を人類は知りません。

質問者は、このプロセスの中でいつ転換点が起こるかと尋ねています。転換点はすでに起こりました。ますます多くの「新しいもの」が低位の界に具体化しており、過去の「がらくた」はますますその影響を失っています。比較的間もなく、世界情勢は静まり、人類が行動するに従って——それは人類の行動にかかっています——新しいものの膨張が起こるでしょう。人類は自らをこれらの途方もない出来事に対する傍観者としてではなく、行動するフォース（力）と見なすべきです。マイトレーヤが言われるように、「何事もひとりでに起こらない。人は行動し、その意志を実行しなければならない」。人類はこれをし始めています。

質問　これは、再臨の話を伝える中での多様性についての質問です。公衆にこの話を伝えることを拒絶した高位の弟子たちが他に四人いるのだとすれば、おそらくこの話はこれまで一つの観点からのみ、つまりブラヴァツキーとアリス・ベイリーの仕事の継続としてのみ伝えられていることになると思います。これについてコメントをお願いします。

答 それはまさに本当ですが、他の四人が高位の弟子であるとは私は言ったことがありません。他に四人の弟子がいると言っただけです。彼らの誰も高位だとは言っていません。そこに違いがあります。彼らの誰も覚者との接触がありません。もし接触があったら、彼らも私と同じように行動していたでしょう。もし私に覚者との接触がなく、彼らがおそらく受けたようなやり方で情報を受けていたならば、私もまた行動しなかったでしょう。しかし私には、「さあ、出て行きなさい、外へ出て世界にこのことを伝えなさい」と言う覚者がいました。

これがどんなに困難なことだったか、あなた方には分からないでしょう。外へ出て世界に伝えるなどというのは全く私の考えにはなかったことです。そうすることを強要されなければ、私は決してやらなかったでしょう。ですから私は、彼らが出て来ないことを責める気はありません。ですから、この話の大部分がブラヴァツキーとアリス・ベイリーの情報の継続であるというのは本当であり、私はそれが正しい教えだと信じています。それ以外のやり方で話すことはできなかったでしょう。私はブラヴァツキーとアリス・ベイリー

(2007.03)

の教えに傾倒しており、それはハイアラキーからの直接の教えであると確信しています。私は自分が真実であると信じるものにしか興味がありません。

それでも、この情報を伝える他のやり方もあるでしょう。あなたは信を持つキリスト教徒かもしれません。このグループの多くの人々は信を持つキリスト教徒であると思います。彼らはキリストの再臨としてこの話をすることができるでしょうし、アリス・ベイリーやブラヴァツキーや他の教えに言及する必要はありません。多くの異なったやり方で伝えることができます。私はそうした人々ではないので、他のやり方で伝えることはできません。しかし他のやり方でも伝えることができるということは、絶対に確かです。

例えば、イスラム教徒はイマム・マーディの到来を待っています。マイトレーヤがロンドンに来られた頃、二人のパキスタン人がロンドンに送られました。彼らは共に、一人はラホールで、もう一人はカラチで〝聖者（ホーリーマン）〟に会っていました。彼らはお互いのことを知らず、聖者も違う人でしたが、聖者は彼らに同じ話をしました。彼らはイマム・マーディの道を整えるためにロンドンに来ることになっていたのです。一人はジャーナリストで、政治に関わっていました。彼は言いました。「私にはできません。私には仕事があります。私はジャーナリストであり、（ベナジール・ブット氏の父親が暗殺される前の）

政党のメンバーです。絶対に行くことはできません」。聖者は彼にロンドンに行かねばならないと伝えたのです。聖者は彼が何年も前に失った物を与え、彼の家族について家族しか知らないことを知っていました。聖者は、たいへんな物知りであることを示し、そして「君が行かないなら、行かざるを得ないようになるだろう」と言いました。

同じことが他の男性にも起こりました。彼は弁護士でした。彼は言いました。「私は行けません。法律の仕事があります」。聖者は言いました。「君が行かないなら、行かざるを得ないようになるだろう」

ついにブット氏が殺され、彼に関係したあらゆる人に容疑がかかりました。ブット氏の政党のメンバーが疑われました。そのジャーナリストがどんな地位にあったのか分かりませんが、彼は政党に深く関わっていました。彼にはロンドンのアジア人地区で暮らす兄弟がおり、仕事を辞めてロンドンに行き、パキスタン系新聞のジャーナリストの仕事に就きました。

一方、弁護士は、事業に失敗し、破産する前に、彼も事務所をたたんでロンドンに行きました。彼らはお互いのことを知りませんでしたが、私がロンドンのアジア人地区で新聞広告を出した時に初めて会ったのです。その広告には、マーディが到来し、ロンドンのアジア人地区に暮らしていると書いてありました。その情報は地区全体に広まりました。二人のパキスタン人もそれを読みました。たまたま彼らの兄弟の一人が他方を知っていました。そこで彼は二人を招待し、お互いに全く同じ体験をしていたことを知ったのです。それぞれが違う街で、違う聖者が全く同じように教えていたのです。それで彼らは私と接触することを決め、私は彼らに会いました。

私は、一九八二年五月に、マイトレーヤがロンドンのアジア人地区にいることを発表し、有能な著名ジャーナリストがマイトレーヤを探そうと行動を起こせば、出て来られるだろうと伝えました。私は多くの外国のジャーナリストがそうするだろうと期待し、これらの男性に、閉鎖的なアジア人地区の案内人となってくれるよう頼みました。彼らは同意しました。

しかしながら、ジャーナリストの男性は、マイトレーヤが彼の肩の上に乗ってくれるのをただ待っています。他の一人は、イマム・マーディについてあらゆるものを読み、その過程で伝統固執主義イスラム教徒になってしまいました。それから彼はイマム・マーディの到来についての本を書いています。

この情報を、キリスト教徒、イスラム教徒、仏教徒のやり方で伝えることができるのです。マイトレーヤ仏はすべての仏教徒に待望されています。日本の仏教徒は、それが五十六億七千万年後だと思っているので、それほど急ぎません。クリシュナやカルキ・アバターとして伝えることもできるし、ユダヤ教のメシアとして伝えることもできます。これらは、知ろうが知るまいが、すべてマイトレーヤのことです。

私はハイアラキー的なやり方で伝えています。これが最も見聞が広く、最も真実で、深遠で、最も歪曲が少ないと信じています。あらゆる宗教はある程度は歪曲されています。それらが生まれてから何百何千年も経っており、すべてが歪められています。聖典はいずれもある程度は変色しています。秘教的な教えの中でのみ、真の情報を受けることができると、私は思います。

覚者との接触があれば、それが最高です。どんな本も教えも必要ありません。直接語ることができ、それが最良です。しかしそれは稀なことです。非常に稀です。

質問　人間の中には、人間や動物を拷問したり虐待したりして、わざと他の生物を傷つけ、そこから〝満足〟を得るという傾向があります。これは不完全さ、不十分さ、分離感に対するどうしようもない苦しみから来るものでしょうか。これは動物には見られない傾

向だと思います。(2006.02)

答 不完全さ、分離感、そして自己満足です。原因と結果（カルマ）の法則、再生誕の法則、無害であることの法則への無理解から来ます。さらに、世界的に、条件づけによって世代から世代に受け継がれる鬱積《うっせき》した怒りと不満があり、それが人々の中で噴出し、述べられたようなひどい残酷さにそのはけ口を見いだします。

質問 （一）死に瀕した状況で、何らかの聖なる介入によって救われたという人々の話を聞きます。ある人々にはこれらの奇跡が起こり、他の人々に起こらないのはなぜですか。神は不公平に思われます。（二）マイトレーヤは私たちが「自己満足」していると呼ぶのを好みます。これは裁いているのではないですか。彼は裁くことに反対していると思っていましたが。(2006.05)

答 （一）それは原因と結果（カルマ）の法則によって規制されています。人々は彼らのカルマ的状況に応じて助けられ、癒されます。この人生や以前の人生における私たちの行動——無害であれ破壊的であれ——が起こることを決定します。（二）マイトレーヤは私たちが「自己満足」していると呼ぶのを好んでいるとは思いません。これほど多くの世界の飢餓や不必要な苦しみに対して、私たち西洋の人間が自己満足しているのは事実です。このような残酷さを受け入れているのは、私たちの主要な特徴の一つです。

質問 これまでに語られた真理と、マイトレーヤがもたらすものとの間のはっきりした違いは何でしょうか。(2008.10)

答 彼の愛、彼の智恵、彼のマインド、彼のエネルギーです。マイトレーヤが今日備えているほどよく準備の整ったアバターは存在しませんでした。

質問 真の希望と偽の希望の違いは何ですか。(2009.11)

答 真の希望は魂から発せられるものであり、したがって霊的な特質です。それは人を、より良い未来を求めそれを実現する志向で満たし、進化そのものの原動力となります。ですから、人類にとって、希望は人生の不可欠な側面です。

他方、偽の希望は、信念、援助、安全を求める感情的な欲求の表現です。それは本質的に恐怖心の現れであり、しばしば落胆に導きます。

質問　自由意志は神聖なものです。しかしながら、その自由意志に限界はあるのでしょうか。例えば、誰かが自殺しようとした場合はどうでしょうか。警察が呼ばれ阻止されるでしょう。人々はこのような状況では介入に従うべきでしょうか、それとも自由意志は他者を害しない限りあらゆる場面で神聖なものであり、誰かを傷つけないのであれば人々は欲することを何でも行うのが許されるべきなのですか。(2011.08)

答　人類の自由意志は、覚者方の観点からは神聖であり、彼らはそれを侵害しません。それが覚者方が人類を援助できる度合いを制限します。それが法です。人類自身は限られた自由意志を持ち、それはその人の進化のレベルによります。進化すればするほど、人は法の枠内で行動するので、自由意志を持ちます。進化していなければ、人は原因と結果の法則（カルマ）の枠内で生きるので、コントロールを持ちません。

質問　あなたの本の中で何度か述べられている「霊的緊張」について質問があります。それは正確には何ですか。どうすればそれを達成できるのですか。あなたは「緊張のネジを巻く」と言われますが、どういう意味かよく分かりません。(2011.12)

答　霊的緊張は、ある人にとっては、霊的理想への集中あるいはそれとの同一化を生じさせます。他の人にとっては、マイトレーヤの教え（心の正直さ、生気の誠実さ、無執着）の実践を意味します。このようなやり方でマインドを集中することが緊張の「ネジを巻く」ことです。

質問 自然に備わっている男性的、女性的「本質」というものが存在するのですか。つまり男性と女性のどちらかによってのみ（または支配的に）表現され、経験されるものであり、物理的・生理的違いではなく文化による承継でもないものです。(2011.12)

答 はい。それは父なる／母なる神の霊的実在の反映です。

六　人類の選択と変化の速度

人類の選択と変化の速度（講話）

【以下の記事は、ベンジャミン・クレームが二〇〇一年八月のサンフランシスコでのシェア・インターナショナルネットワークの研修会で話したことを編集したものである。9・11事件の前に話したものである】

世界のすべての人間が、世界平和の維持についての責任があります。特に、いわゆる民主主義の国家において、何らかの発言権を有する人々は——たとえそれが機能しているかいないか分からない制度の中で一票を投じることだけであったとしても——その声を用いて結果をもたらす責任があります。おそらく、そうした人々は、何百万人もの飢えた人々、貧しい人々、これまでにいかなる政治制度とのつながりを持つことなく自らの要求を表明する手段を持たない人々よりも、責任を負っています。

言うまでもなく、飢えたる貧しい人々こそ、最も大きな必要をかかえているのですが、彼らは声を持ちません。まさしく、その声こそ、マイトレーヤが与えようとしているものです。マイトレーヤは、世界中の貧しい人々、飢えた人々、難民、抑留者たちに彼らの要求を表明する声を与えるでしょう。何十万人もの人々が、現行政府の見解と異なる意見を表明したという理由だけで監禁されています。彼らは投獄され、監獄で気力を失い、その上多くの場合拷問を受けることが、当たり前のこととしてまかり通っています。彼らには声が与えられていません。マイトレーヤが彼らを代弁するでしょう。自らの要求が聞かれることのない、声を持たないすべての人間に代わって、表明するでしょう。

声を持つ人々、教育を受けた人々、選挙制度に参加できる人々、ある程度の民主主義を享受している人々には特別な責任があります。米国の大統領の見解を変えることは、彼の見解が世界全体に影響を及ぼす限りにおいて、米国民の責任なのです。米国のみに影響のある見解であれば彼の声はおそらく他の米国の人々の声と同様に重要なものとなるのでしょうが、世界全体に影響を及ぼす場合には、彼は世界のすべての声の中の小さな声を持つにすぎません。米国のみなさんは、彼の（本来そうであるところの）小さな声を世界の他の見解に沿ったものとするようにしなければなりません。

米国は――将来それが持続されるかどうかは別として――豊かな国であり、軍事力を誇り、今日の唯一の超大国です。この考えが米国の大統領をのぼせ上らせています。彼はこの権力のビジョンに酔い、この権力を振りかざすことに躍起になっています。彼は自国を安全なものとするだけでなく、他からも難攻不落のものとしたいのです。今日、いかなる国をも難攻不落にすることは不可能です。米国のような広大な国でさえも、また世界の六分の一を占めていた旧ソ連もしかりです。これら二つの大国が最盛期にはどれほど堅固なものであったかご存じでしょう。栄枯盛衰は世の常です。同じ状態であり続けることは不可能です。旧ソ連が一九一七年の革命の時に設定された青写真の最終結果と成り得なかったのと同じように、合衆国もまた今日、最終結果に成り得ないでいます。

物事は移り変わります。あなた方の大統領、ジョージ・W・ブッシュの見解を変えることは合衆国の人々にかかっています。彼は大気中への汚染の放出を制限しようとする京都議定書に調印するのをこれまで拒んできました。拒んでいるのは彼一人ではありませんが、大国の中ではほぼ一人です。すでに百八十カ国が議定書にサインをし、その批准と実施を強く主張しています。

マイトレーヤが世に出られるとき、二つの反応が見られると思います。彼を歓迎する喜びの反応と、もう一つは、キリスト教に限らず、あらゆる種類の原理主義者たちの反応です。彼らは、マイトレーヤの出現を大いなる関心をもって見ることでしょう。中には、少数派ですが、アンチキリストとして見る人もいるでしょう。それは比較的少数のキリスト教原理主義者によって支持されるでしょう。ユダヤ教原理主義者はメシアの到来を待っています。彼らがマイトレーヤをメシアとして認識することは難しいかもしれません。しかし、もしそれがなされるなら、中東情勢全体が変容するでしょう。

私は、今、この政治的影響、すなわち政治的行動を通しての和合の獲得について話をしています。これは、最近発表された覚者の記事「和合」（本書二五七頁参照）の後半部分に主に語られているものです。すなわち、世界への危機とすべての人間による気づきの必要性についてですが、特に教育を受けた人、権力行使の立場にある人、自らの意志を表明できる人が、国家間の垣根を越えたレベルでの和合の必要性を理解し、悟り、知らしめることの重要性です。それゆえ、すべての国が共に働く必要があります。それが起こらなければ何も変わらないでしょう。

変化の速度

多くの人は、マイトレーヤが世に出られて話を始め、覚者方が一人ずつ公に出て話を始め、そして世界が彼らの話に耳を傾け、そうして変容が始まると想像しています。実際にはそのように簡単なことではありません。すべてが人類の手によってなされなければならないのです。このことはすなわち、変化が生じるのは必ずしも一〇〇パーセントの同意とはいかないまでも、世界の大部分の人々のかなりの同意が必要であることを意味しています。それなしには変革は定着しません。もし、人類が、マイトレーヤや覚者方の助言——それが大多数の人類の同意をいまだ得ていないとき——の説得力の効果ゆえに、決定を下すのであれば、それは自由意志の侵害になってしまいます。

政党に見られるような単純な多数決で決定するのではありません。もちろん、覚者方の助言や刺激を受け、その影響が一定の形を取り、同意へと変容するというリアリティは一定の割合で長期間持続するでしょう。しかし、ある程度の合意がなければ、何事も起こりません。変化は起こらないでしょう。変化は押し付けられるべきではありません。なぜならそれは自由意志の侵害であり、そうした変化は長続きしないからです。大多数の人々の同意がなければ、強制されたものはいかなるものであれ長続きしません。

変化するすべてのものは変化に抗う力にさらされます。物事を変えようとすると、現状を維持しようとする力に出合います。人々は再考します、「本当にこうすることが最良のやり方なのか？」と。そして何か別のものを思いつきます。それは生きた、創造的なプロセスです。それは一組の構造を別なものに単に置き換えるというものではありません。それは現在の価値観を別の価値観へと変えていくことです。こうした価値観はすべての人によって同一レベルで、また同じ強度で共有されているわけではありません。また、これらの価値観を持っていると思う多くの人が、実際に日常生活でそれを生きていません。

人間の心、信念体系、期待、希望というのはとても複雑です。しかし、大まかに言って、どの時点であっても、最大多数の同意が得られる事柄を実践に移すよう促されるでしょう。ある変化に対して九十パーセントの人々の同意がある場合、それは十分な数字だと思います。しかし、政治や経済の一定の変化に対する大多数の同意の割合が、五十パーセントだけあるいは五十五パーセントから六十パーセントならば、それは実施されることはないでしょう。その変容は長続きしないだろうから時期尚早である、というのが勧告となるでしょう。

世界には物事を異なった見方で捉える強力な勢力があります。これまでもずっとそうでしたし、ある特定の見方で考えるこの習慣は制度化されてしまっています。この習慣、条件づけは極めて強力で、かつ、グラマー（自己眩惑）が深く浸透しているので、人類全体が――良心を深く見つめることによって――変容の合意に至るまでには長い年月がかかることでしょう。ですから、近い未来に劇的な変化が起こることを期待すべきではありません。変化は、世界中の社会の中でそれが最小の混乱と最小の破壊もしくは最小の軋轢《あつれき》で収まるように徐々に起こるでしょう。（人類によって）受け入れられるものは何でも実現されるでしょう。受け入れられない領域に関しては、それが受け入れられるまで保留されるでしょう。信頼が創造されるときにのみ、それは受け入れられるでしょう。

信頼

その信頼は経済の変化によってつくられます。私たちが抱えているすべての問題の解決の出発点は、世界にある資源を経済的に再分配することです。この再分配がさらなる変化のすべての起点となりカギとなります。再分配によって信頼が生まれるからです。信頼が創造されると、すべてが可能となります。次の変化は政治の領域で起こり、それによって経済面での変化も容易になることでしょう。これらの変化は、この惑星の環境保全を真剣に実践していくことを容易にしていきます。そして米国のみならず欧州諸国や日本、さらに強力に工業化した国の幾つかは、京都議定書のような合意を履行していく計画に真剣に向き合うことになるでしょう。大多数の国によって署名された、さらなる合意が表に出て来ることでしょう。

こうした状況下では国連の役割がカギとなります。国連はそれ自体が独立したものとなるでしょう。現在は不運にも、多数の米国右翼グループの存在により、公的機関としての国連は非常に思わしくない状況にあります。国連本部が実際にニューヨークに置かれていることでまだ救われています。もしそれがロンドンやジュネーブ、ダージリンや東京にあるとしたら、米国の大きな部分は国連と関連がなくなることでしょう。米国は本来支払うべき負担金も払おうとしないでしょうし、国連の欲する政策すべてに対し大いなる障害となるでしょう。しかし、第三世界が国連に負っているものは莫大なものがあります。国連は世界でも最も偉大な教育機関の一つです。また、国連は、健康管理の手段を持たない何百万もの人々に保険医療を提供する最大機関の一つでもあります。現代社会の偉業である国連がなければ、何百万人もの人々が現状にも増して窮乏することでしょう。ですから私たちは国連に対しあらゆる支持と援助を惜しまないようにしなければなりません。

エレナ・レーリッヒを通して伝えられたアグニ・ヨガの書物の中で、「真《まこと》の人が十人いれば世界を救うことのできた時代があった。次に一万人でも足りない時代が来た。私は十億人を召集するであろう」とマイトレーヤは語っておられます。世界には現在、六十億人(二〇〇一年)が地上に転生しています。二、三年前、私の師に「マイトレーヤは十億人を実際に集められましたか？」とお聞きすると、「十五億人だ」との返答がありました。それ以降、人数は増加し続けています。今では、マイトレーヤに反応する準備ができている人、すなわち、あらゆる方法で持てる才能と善意を差し出して前に進み出るようにマイトレーヤが呼びかける際、準備が整っている人は十五億人を超えています〔註〕。

惑星の再生

マイトレーヤは、まず最初に経済と政治の分野で、世界中を回り、変革を推し進めるための先発部隊をつくるでしょう。これらの変革がある程度実施されるとき、この惑星を健全な状態に回復させることが次の緊急課題です。私の師が何度も言及されたように、またマイトレーヤも御自身のメッセージで伝えられているように、この問題は最優先事項となるでしょう。私たち自身がこの問題を引き起こしたのです。この地球という惑星は私たちの存在の源であるにもかかわらず、私たちは絶えず破壊し続けています。覚者は、汚染が今日の第一の殺戮《さつりく》者であると指摘されています。世界の資源は枯渇しつつあります。人類は様々なやり方で地球の生体組織を荒廃させているのです。ですからこの惑星を救うことが、あらゆる人間——男女、子供を問わず——にとって第一の仕事となるでしょう。子供たちは感嘆すべき存在です。七歳から十五歳の子供たちにこの仕事を頼んでみると、彼らは他の誰よりもうまくやってのけるでしょう。それは高度な学術的なレベルからではなく、実際の日常生活で実践可能なレベルで行われます。彼らは、お父さんやお母さんに持続可能な経済を確立させるでしょう。なぜなら、それなしには経済そのものが存在し得ないからです。経済活動が持続可能なものでなければ、世界はおそらくあと十五年で今の状態を維持できなくなり、その後は極めて急速に事態が悪化するでしょう。

世界の健康を回復するのに、私たちにはおよそ十五年から二十年しか残された時間がありません。しかし、この仕事は覚者方の勧告の下に行うことができます。回復のプロセスで役立つ一定のツールが覚者方によって提供されるでしょう。また、この惑星の汚染、特に大気中の汚染の浄化に必要な助けが宇宙の兄弟たちからあるでしょう。今日、私たちが呼吸している空気そのものが、とりわけ放射能によってひどく汚染されています。放射能が大気汚染の最大の原因であることは認識すらされていません。それは私たちの免疫システムにとって、また何千年も続く生命にとって、最も危険な汚染物質です。大洋や河川、湖や小川、そして地球そのものも極めて汚染されており、浄化されなければなりません。実際、宇宙の兄弟たちはカルマの許す範囲で絶えず浄化作業を行ってくれています。

ＵＦＯ（宇宙船）の活動

マイトレーヤが世に出られるとき、彼は広大な範囲の問題についての質問に答えられるでしょう。そのうちの一つがＵＦＯ現象に関するものです。宇宙船の兄弟たちの懸命な活動は主に救助活動ですが、彼らはまた長年の間、世界教師の出現のためのいわば演壇（プラットフォーム）を、和合のプラットフォームとエネルギーのプラットフォームを創造することに関心を払ってきました。それは和合と形態の舞台です。彼らは世界中にエネルギーのネットワークを創造することに従事してきました。いわゆる穀物畑のミステリーサークルは彼らが創造しているエネルギー網の外的な表現です。彼らはこの惑星を取り巻く磁気エネルギー網を物質界に複製しているのです。この物質次元での磁気ネットワークの複製は、後に世界に伝えられることになる新しいタイプのエネルギーの一部となるでしょう。ですから、ミステリーサークルはただ単に、「われわれはここにいる」という意味に限定されるものではありません。私たちは確かにそのことは知っています。しかし、それは「われわれはある一定の目的のためにここにいるのです」という意味でもあります。

マイトレーヤは宇宙の兄弟たちのリアリティ（現実）についての質問にお答えになるでしょう。しかし彼らの宇宙船艦隊が降りてきて、タイムズスクエアやピカデリーサーカスに着陸することを期待している人々は、永らく待たなければならないでしょう。何度も話しているように、彼らのからだは私たちのような肉体ではなくエーテル体なのです。彼らが見せる濃密な物質的側面は一時的なものです。彼らは私たちの肉眼で見えるレベルにまで、ただ単に波動を下げるのですが、すぐにまた波動を上げることができます。ですから、何十万もの艦隊の同時着陸とか、マイトレーヤが金星の艦隊の長官を米国艦隊の長官に紹介するといった類の話を期待してはいけません。そのようなものではありません。

〔註〕二〇〇六年の時点では十八億人になった。

七　和合

和合

覚者による記事

人は、大きなグループで集まるときにはいつでも、自分たち自身について異なった見方を採用し、お互いに対して新たな見方をする。彼らは大胆になり、欲求は強まり、彼らの見解を支持する者たちに引き寄せられる。これは自然に見えるかもしれない。しかしなぜそうであるべきなのか。

本質的に、すべての人間が内的に和合を追求しており、その反映を思考やアイディアに適合することの中に見いだす。この本能が政党やグループの形成の背後にある。イデオロギー的な統一見解は磁石のような働きをし、全体の力を強化する。

グループや政党は、その内的和合がかき乱されるとき、壊れる。和合は魂の特質であり、グループの団結にとって欠くことのできないものである。個人的なそしてパーソナリティーの違いにあまりにも大きな強調を置くと、グループを集合させている結合の絆を弱めがちである。

この原理は人間の活動のすべての分野において働いている。政党やグループの盛衰は、また国家の盛衰でさえも、この法則によって条件づけられる。和合は強さである、と人は言う。然りである。なぜならそれは人間の本質的な特質であるから。

グループの形成の初期の段階においては、和合を達成するのはさほど困難ではない。もしグループの発足の目的が十分に磁力的であるならば、それだけでグループを結束させておくことができる。しかしながら、時を経るにつれて、相違や不満が出てくる。強い、様々に異なる声がもち上がり、彼らの意志を強いようとする。もし和合への欲求が失われるならば、そのグループの存続は直ちに脅かされる。

すべてのいのちの基盤にある目的は和合の創造であり、かくしてすべての原子の相互連結性を表している。ほとんどの人間にとって、(秩序ある体系としての)宇宙は別々の物質体の集合であり、無限に大きく、非常に遠くにあり、惰性的に物質の機械的な法則に従う、というものである。実際には、宇宙、宇宙空間自体は生きた存在であり、われわれの存在の源であり、すなわちわれわれの「母」であり「父」である。魂として、われわれはこれがそうであることを知っており、われわれの特性の基本的な和合に表現を与えることを求める。したがって、グループがこの和合を失うと、危険である。そのような和合がなければ、それはグループとしてではなく、盲目的に、目的も結束もなしに、全く異なる姿勢や条件づけられたものの単なる集合として機能する。

われわれは、グループ集団の時代、アクエリアス（宝瓶宮《ほうへいきゅう》）の時代に入りつつある。そしてそのエネルギーは、グループ構成においてのみ生き、体験することができる。また、アクエリアス（宝瓶宮）の主要な特質は統合である。その融合し混ぜ合わせる特質を持つ光線がすべてのいのちにその影響力を強いるだろう。そして徐々に、より高位の（変成の）魔力がその恩恵ある目的を達成し、人類種族はひとつとなるだろう。そのようになるだろう。そのようにして、人間は和合は強さであり、われわれの存在の本質的特性であることの真理を知るだろう。その目的に向かって、すべての人間は努力し、人間のすべての活動はそれに表現を与えることを求める。

マイトレーヤ御自身が非常に間近な将来に出現されるとき、われわれのすべての行動の中に和合の必要性を強調されるだろう。われわれが、人間の問題を解決するに当たって、人間として、国家として、目的のアイデンティティーを見つけることがいかに大切であるかを、マイトレーヤは示されるだろう。かくして、われわれの強力な個人性をグループのために供するのである。

（『シェア・インターナショナル』誌二〇〇一年七月号）

統一のマントラム

人の子らは一つ、わたしは彼らと一体である。
わたしは憎むことではなく、愛することを求める。
わたしは当然の奉仕を強いるのではなく、
みずから奉仕することを求める。
わたしは傷つけることではなく、癒《いや》すことを求める。
苦痛をして、その当然の果報なる光と愛をもたらしめよ。
魂をして、外なる形と人生とすべての出来事を統御せしめ、
この時代に起きている事どもの底にある愛を露《あら》わにせしめよ。
ビジョンと洞察をもたらしめ、未来を明らかにせしめよ。
内なる連合を顕示して、外なる分割を消散せしめよ。
愛をあまねく行き渡らしめよ。すべての人に愛を行わしめよ。

「これらの言葉は不適切に思えるかもしれないが、この意義の力（パワー）とこの意義についての理解をもって唱え、またこれの背後にある心（意図とハート）の力をもって唱えるならば、これを唱える者の人生に信じ難いほどの力となることが証明されよう。その人の環境にも影響を及ぼし、またこのマントラムについての知識を広めるにつれて、その蓄積された影響が世界に及ぼすものは大きく効果的であろう。それは志向者の態度を変え、ビジョンを啓明し、犠牲に基づいたより完全な奉仕とより広い協力へ導くだろう。我が兄弟たちよ、あなた達は犠牲を行うことを、たとえ今まで避けてきたとしても、長期的には避けることはできない」

ジュワル・クール覚者

ベンジャミン・クレームの著書

シェア・ジャパン出版刊

世界大師《マイトレーヤ》と覚者方《かくしゃがた》の降臨《こうりん》

ベンジャミン・クレーム著／石川道子訳

降臨が世界の現制度に与える影響、第三世界の問題解決と新しい世界経済、シャンバラ、反キリスト、サタンと最後の審判、魂と輪廻転生、自由意志、瞑想、魂の降下～動物人間～現代への人類の進化過程、治療と奉仕、テレパシーと霊能力、予言、UFO、核エネルギー、未発達の魂、菜食主義、将来の職業、家庭崩壊、古代文明、大破局妄想、E・ケーシー、フィンドホーン他。

ベンジャミン・クレームの最初の著書であり、手頃な新しい時代への案内書である。

1987年（初版）B6判／378頁

伝導瞑想 —21世紀のヨガ—

ベンジャミン・クレーム著／石川道子訳

伝導瞑想はハイアラキーの覚者からベンジャミン・クレームを通して1974年に紹介された非常にダイナミックな瞑想であり、かつ簡単で安全なグループ瞑想である。瞑想の経験もいらず、先生につく必要もない。人類の明るい未来の建設のためにマイトレーヤとハイアラキーの覚者たちに協力して世界に奉仕したいという意志のある人なら誰にでもできる。この本では、瞑想の正しいやり方を詳しく説明し、実際に伝導を行う中で出てくる様々な疑問に答える。伝導瞑想の背景にある論理や伝導されるエネルギーの特質、個人の霊的成長における伝導瞑想の役割などが網羅されている。

1997年（改訂三版）A5判／248頁

マイトレーヤからのメッセージ　いのちの水を運ぶ者

ベンジャミン・クレーム伝／石川道子訳

英国の著名な画家であり、秘教徒であるベンジャミン・クレームを通してマイトレーヤが伝えられた人類へのメッセージ集。

貧困、飢え、病、失業、戦乱等々の苦悩の中から救いを求めて出された人類の心からの叫びに応えて到来されたマイトレーヤは、民族や宗教の枠を超えた全人類の大教師であり、人類の夢の体現である。現在の行き詰まりの苦境から抜け出し、明るい未来につながる道を示し、案内するために、そして新しい宝瓶宮の時代のいのちの水を豊かに携えて、来られたのである。メッセージを１つずつ、集中した思いで声に出して唱えると、必ずと言ってよいほど、マイトレーヤの心の反応を呼び起こすのである。

1999年（改訂初版）B6判／448頁

マイトレーヤの使命　第一巻

ベンジャミン・クレーム著／石川道子訳

すべての情報はハイアラキーの覚者から伝えられ、覚者の確認のもとで書かれた世界に類を見ない貴重な書。『世界大師と覚者方の降臨』に続く書として出された本書のキャンバスもまた広大である。

マイトレーヤの出現過程および教えと仕事の詳細、再生誕を支配する法則、カルマ、死後の世界、デーヴァ、進化とイニシエーション、七種の光線、新しい時代の霊性、瞑想と奉仕等々をさらに詳しく検討、さらに世界に初めて発表された古今東西の著名イニシエート760余名の進化段階と光線構造のリスト、他。

1998年（再改訂版）A5判／432頁

マイトレーヤの使命　第二巻

ベンジャミン・クレーム著／石川道子訳

エネルギーの影響で急速に変化する世界の政治・経済の霊的原因と未来、真我実現の術、さらにベンジャミン・クレームの師であるハイアラキーの覚者とのユニークなインタビューは人類が今直面する幾つかの重大な問題に新しい啓示的な光を投げかける。第一巻と同様、本書もまた広大な領域を網羅する――瞑想、意識の成長、イニシエーション、グループワーク、恐怖心の克服、環境、世界奉仕、新時代の宗教、世界のイニシエートのリストの追加、他。

1995年（初版）A5判／768頁

マイトレーヤの使命　第三巻

ベンジャミン・クレーム著／石川道子訳

この書は心躍るような未来のビジョンを提供するものであり、広範なトピックを網羅した貴重な叡知の宝庫である。

世界大師マイトレーヤと覚者方の公の顕現の後、彼らのアドバイスとインスピレーションに鼓舞されて、人類は想像を超えた新しい文明をつくっていくだろう。マイトレーヤの優先順位、新しい時代の政治、21世紀の挑戦、新しい時代の教育、新しい建築、新たなる奉仕、国際連合、原子炉の閉鎖と新エネルギーの開発、奇跡の時代に終わりなし、奇跡の水、アンタカラーナ、新しい時代の治療法、画家と彼らの光線構造、巻末の世界のイニシエートのリスト（光線構造と進化の段階）は１巻と２巻のリストをも網羅した。

1998年（改訂版）A5判／704頁

大いなる接近 ――人類史上最大の出来事――

ベンジャミン・クレーム著／石川道子訳

この予言的な書は、われわれの混沌とした世界の問題に焦点を当て、世界教師マイトレーヤと一緒に9万8000年ぶりに世界に公に戻って来ようとしている完璧なる方々の一団、つまり智恵の覚者方の影響のもとで徐々に変化していく世界を描いている。

本書が網羅している話題には、困惑のアメリカ、民族紛争、犯罪と暴力、環境と汚染、遺伝子工学、科学と宗教、光の特性、健康と治療、教育、奇跡、魂と転生などがある。この書は途方もない智恵の統合であり、未来にサーチライトを投射して、明確なビジョンをもって、われわれが達成する最高の業績と、前方に横たわる驚嘆すべき科学的発見を明らかにする。戦争は過去のものとなり、すべての人間の必要が満たされる世界がわれわれに示されている。

第一部：人類の前途
第二部：大いなる接近
第三部：新しい光の到来

2001年（初版）B6判／448頁

協力の術《すべ》

ベンジャミン・クレーム著／石川道子訳

この書はこの時代の最も緊迫した問題、およびそれらの解決について、不朽の智恵の教えの観点から考察する。その教えは何百年もの間、外的世界の底に横たわるフォース（エネルギー）を明らかにしてきた。

本書は、大昔からの競争の中にがんじがらめになり、古く役に立たない方法でそれらの問題を解決しようとしている世界を見る。問題解決の答え――協力――は、われわれの手の中にある。すべてのいのちの根底にある和合の大切さを認識することを通して、正義と自由と平和の世界への道を示す。

第一部：協力の術《すべ》

第二部：グラマー
第三部：和合《ユニティ》

2002年（初版）B6判／358頁

生きる術《すべ》

ベンジャミン・クレーム著／石川道子訳

二人の智恵の覚者方、つまりジュワル・クール覚者と、とりわけベンジャミン・クレーム自身の師である覚者の言葉に刺激を受けて、本書の第一部は、絵画や音楽のような芸術の一形態として「生きる」という経験が考察されている。高度な表現レベルに達するには、特定の基本的原則についての知識と遵守が必要とされる。生きるという芸術《アート》（術）においては、原因と結果の大法則とそれに関連した再生誕の法則を理解してこそ、われわれは他者に害を与えない落ち着いた生活を実現し、それが個人的な幸せや、正しい人間関係、すべての人間にとっての、進化の旅路における正しい道へとつながっていく。

第二部「相対立する二極」と第三部「イリュージョン（錯覚）」では、人間が自分の内面においても外的な生活においても、限りなく続くように思われる苦闘を経験するのは、人間が進化計画の中で独特な位置——霊と物質が出合う地点——にあるからだと示唆される。イリュージョンの霧を脱出して、自分自身の二つの様相を一つの完全なる全体へと統合させる手段は、ますます無執着になり客観的な自己認識を高めながら、人生そのものを生きることにある。

2006年（初版）B6判／352頁

叡知の種　覚者は語る

ベンジャミン・クレーム伝／石川道子訳

「わたしがなしてきた努力は、読者に未来の人生を描き、未来に対して楽しく積極的に近づくように鼓舞し、日ごとに持ち上がる諸問題に正しく対処するための知識のツールを用意することであった……」

人類は、舞台の背後から、進化の旅路をわれわれよりも先に歩まれた智恵の覚者方と呼ばれる高度に進化した光明ある方々の一団によって導かれている。本書は覚者（智恵の大師）から著者ベンジャミン・クレームを通してシェア・インターナショナル誌に掲載された過去20数年間（1982年1月号から2003年12月号まで）の記事の集大成である。の記事の集大成である。人類の過去、現在から未来に関するあらゆる分野への深遠な洞察と情報、さらにその叡知の数々は人類の明るい未来への最大の贈り物であろう。

2004年（初版）B6判／640頁

いのちの法則（マイトレーヤの教え）

ベンジャミン・クレーム監修／石川道子訳

偉大な教師方の到来に際して、その到来以前に教えが一般に知られることはかつてなかった。キリスト、仏陀、クリシュナなどの教えは、すべて信奉者の目から見て書かれてきた。今回初めて公の出現に先駆けて、世界教師自らの見解や洞察の一端をうかがい知ることのできるものが直接与えられた。新しい時代を導くこの途方もない偉大なる存在は、人類の前途に横たわる進化の旅路の概要をわれわれに示し、それについてのわれわれの理解を助けるためにやって来られたのである。

本書を読んで内奥の変化を経験しない人はいないであろう。世界の事象に対する途方もなく透徹した洞察、自己実現の秘訣の明示、経験を通して知る真理の簡潔な描写など、どのような分野に興味の焦点があろうとも、いのちの法則を理解しようと願う人にとって、本書に網羅されたマイトレーヤの見解は、精妙で含蓄の深い洞察を提供し、いのちの本源へと読者を誘うであろう。

2005年（初版）B6判／400頁

全人類のための世界教師

ベンジャミン・クレーム著／石川道子訳

98,000年の時を経て可能となった偉大な教師方の出現と、この惑星的に重大な出来事から派生する多くの効果、彼らが人類に示す将来にわたる計画、優先事項や勧告について本書は明らかにする。

巨大な宇宙のアバターとして、世界教師マイトレーヤは二つの行動路線の間の単純な選択を示すだろう——その彼の助言を無視して現在の生活様式を続け自己破壊に陥るか、勧告を喜んで受け入れて、平和で幸せな将来を保証する分かち合いと正義のシステムを開始し、その結果として人間の内的神性に基づいた文明を創造するか……。

2007年（初版）B6判／224頁

人類の目覚め

ベンジャミン・クレーム著／石川道子訳

世界教師マイトレーヤが公に御自身を人類の前に現して、全人類に同時に語りかける日、「大宣言の日」における人類の体験がどんなものであるかを、クレームの師である覚者が感動的に描いている。「その特別の日に思考が放送されるのを、以前に聞いたことのある人間はどこにもいないだろう。彼らの神性への呼びかけを、彼らが地上に存在することへのチャレンジを聞いたことはかつてないだろう。そのひとときの間、各人が、それぞれに厳粛に、独りで、自分の人生の目的と意味を知り、幼年時代の恵みを、自我欲に汚されていない志向の純粋さを、新たに経験するだろう。これらの貴重な数分のあいだ、人間は大生命（いのち）のリアリテイ（実相）に完全に参加することの歓びを新たに知り、遠い過去の記憶のように、お互いがつながり合っていることを感じるだろう……――本文より

2008年（初版）B6判／252頁

光の勢力は集合する――UFOと彼らの霊的使命――

ベンジャミン・クレーム著／石川道子訳

本書はUFOについて独特の視点から書かれている。宇宙の兄弟であるUFOの乗組員たちと共に仕事をし、彼らのことを内部から知っているベンジャミン・クレームは、UFOの存在は計画されたもので、惑星地球にとって、とてつもない価値のあるものだと論じる。彼らは人類の災難を緩和し、この惑星をさらなる、急速な破壊から守るという霊的使命を遂行しているのである。

第二部は、われわれが意識の大きな転換を経験し、商業主義の拘束と市場のエネルギーの支配から解き放されて、未来の生活の豊かさに気づくようになるにつれ必要となる、新しい、より包括的な教育形態について述べられている。

事実が間もなく明らかになると、人類は自己の神性と地球の霊的法に目覚め、分かち合い、正義、自由が基調の協力の時代が始まるだろうことが生き生きと示されている。

第一部：UFOと彼らの霊的使命

第二部：新しい時代における教育

2010年（初版）B6判／252頁

心の扉シリーズ ①
不安感　一挙に乗り越え、自在心

ベンジャミン・クレーム著／石川道子訳

本書は、人間の感情の中で最も深く破壊的な抑圧的な感情である恐怖心をいかにして克服するか、それを一挙に乗り越える方法があるのか、恐怖や不安から解放されて自在に生きることが可能なのかなどについて、非常に分かりやすく説いている。

『マイトレーヤの使命 第２巻』に「恐怖心の克服」として収録されている。

2000年（初版）B6判／142頁

心の扉シリーズ ②

私は誰か　不朽（ふきゅう）の智恵に学ぶ

ベンジャミン・クレーム著／石川道子訳

人類の霊的遺産についての概観を示し、不朽の智恵の教えを明快で理解しやすく紹介した本である。ベンジャミン・クレームとのインタビュー形式で秘教の基本的な概念を説明する――教えの源、世界大師（教師）の出現、再生誕と輪廻転生、原因と結果の法則、進化の大計画、人間の起源、瞑想と奉仕などを含む。

『マイトレーヤの使命 第３巻』に「不朽の智恵の教え」として収録されている。

2000年（初版）B6判／162頁

月刊「シェア・インターナショナル」

シェア・インターナショナル誌は新しい時代の思考の二つの主な方向――政治的と霊的――を統合する。現在、世界的規模で起こっている政治的、社会的、経済的、霊的な変化の底に横たわる統合を示し、この世界をより正しい、慈悲深い線に沿って再建するための実際的な行動を刺激することを意図する。

世界教師マイトレーヤの提示する優先順位――適切な食糧の供給、すべての者のための適切な住居、普遍的権利としての健康管理と教育、世界の生態均衡の維持――に関係するニュース、出来事、コメントを網羅する。

『シェア・インターナショナル』誌の特徴的記事は、ハイアラキーの覚者からの寄稿、新しい時代の世界教師としてのマイトレーヤの出現についての最新情報、秘教の教えの拡大、世界における政治、経済、環境、霊的変化に関するマイトレーヤの教えや洞察、世界の変容についての肯定的な展開のニュース、ベンジャミン・クレームによる読者質問欄、世界中の読者からの通信欄「編集長への手紙」などを含む。

発行　　　：シェア・ジャパン
年間購読料：5,800円（送料込み）
申　込　先：郵便振替 00880-2-75597
　　　　　　口座名「シェア・インターナショナル」
問い合わせ先：電話／FAX 042-799-2915

表紙の絵はベンジャミン・クレームの油絵の複製であり、マンダラと題され、「多様性の中の和合」を象徴する。

著者について

ベンジャミン・クレーム

スコットランド生まれの画家で秘教学徒のベンジャミン・クレームは、過去30年間にわたり人類史上最大の出来事に対して世界の準備を整えるために活動してきた。

彼の師である覚者の訓練監督のもとで、1974年から公の活動を始めて以来、世界中のテレビ、ラジオ、ドキュメンタリーに出演するとともに、世界各地で幅広くこの希望のニュースを伝える講演を行ってきた。本書を含む彼の15冊の著書は多くの言語に翻訳発行されている。世界70余ヵ国に購読者を持つ国際月刊誌『シェア・インターナショナル』の編集長でもある。

訳者について

石川道子（いしかわ　みちこ）

東京に生まれる。最終学歴はアメリカのエール大学大学院修士号　国際政治学、特に第三世界開発問題の研究。後に、アメリカで新しい教育形態の実験的プログラムの開発および運営に従事する。1981年以来、ベンジャミン・クレームの共働者の一人として日米を中心に世界のネットワークの中で奉仕活動を続けている。クレームの著書を中心に編集、翻訳、出版の活動、さらに国際月刊誌『シェア・インターナショナル』日本語版の監修責任、他を務めている。

多様性の中の和合 ——新しい時代の政治形態——

2012年5月1日　第１刷発行　　定価：本体1500円+税

著　者　ベンジャミン・クレーム
訳　者　石川道子
発行者　石川道子
発行所　有限会社シェア・ジャパン出版
〒500-8817　岐阜市八ツ梅町 3-10　所ビル１F
電話／ファクス　042-799-0275
振替　00100-8-150964
印刷所　ヨツハシ株式会社

©2012 Benjamin Creme

ISBN978-4-916108-19-7　C0014 ¥1500E